真宗学シリーズ 5

真宗求道学

信楽《しがらき》峻麿《たかまろ》

法藏館

真宗求道学　真宗学シリーズ5＊目次

第二章　真宗における行道思想……26

真宗求道学

真宗学シリーズ5

装丁　井上二三夫

第一章　親鸞はなぜ山を下りたのか

一　六角堂示現の文

1　常行堂の堂僧

常行三昧

親鸞は、伝承によれば、九歳の時に出家して比叡山に登り、天台宗の教学とその行業を修めたといいます。そして二十九歳の春に、この比叡山を下りたわけですが、その二〇年の間、どこで何をしていたかは不明です。ただし、ただひとつ、親鸞の妻の恵信尼の消息によると、「殿の比叡の山に堂僧つとめておはしましけるが」（親鸞全集・書簡篇一八六頁）とあり、親鸞はある時期には、比叡山の常行堂に勤務する僧侶、堂僧であったことが知られます。

この常行堂とは、天台宗を開宗した中国の智顗《ちぎ》（五三八～五九七）が創めた四《し》種三昧《しゅざんまい》なる四種の止《し》観業《かんごう》の一つの常行三昧《じょうぎょうざんまい》を修める仏堂のことで、その常行三昧とは、『般舟三昧《はんじゅざんまい》経《きょう》』にもとづく行法で、この五間四面の仏堂の中で、そこに祀られる阿弥陀仏像を中心に、九〇日の間、称名念仏しつつ昼夜兼行で休むことなく歩《ぶ》行《ぎょう》、行道《ぎょうどう》し、それによって阿弥陀仏を観見することをめざすもので、それはまたその意味から仏立三昧《ぶつりゅうざんまい》ともいわれます。そしてこの常行堂は、今日では東塔《とうどう》のみに残っていますが、当時は東塔、西塔《さいとう》、横川《よがわ》の三カ所にあったといい、親鸞はその中の横川の常行堂に属していたものと思われます。横川はその昔、良源（九一二～九八五）によって整備され、その弟子の源信（九四二～一〇一七）が隠棲した場所であり、親鸞は早くより、この源信に深くかかわりをもっていたと考えられますので、いまもそのように理解いたします。

かくして親鸞は、この常行堂にかかわる僧侶として、その常行三昧の行法も修めたと考えられ、それによって阿弥陀仏を観仏（見仏）するという宗教的体験を、何度ももったことと思われます。今日この比叡山には、このような九〇日間にわたる常行三昧を修められた僧侶がおられますが、その方の話を聞くと、とても厳しいその行道の中で、何度も阿弥陀仏に出遇った、阿弥陀仏を観見したと言っておられます。親鸞も若い日に、そういう経験をもったことであろうと思われます。

2　『親鸞夢記』をめぐる問題

六角堂示現の文

ところで親鸞には、『親鸞夢記』と題するものが残されております。その真蹟は存在しませんが、親鸞の直系の門弟で、親鸞よりも早く亡くなった真仏（一二〇九～一二五八）が筆写した、『親鸞夢記云』と題されるものが伝えられています。そこには、

親鸞夢記云

六角堂の救世《くぜ》大菩薩《だいぼさつ》、顔容端政《げんようたんしょう》の僧形を示現して、白き納《なう》の御袈裟《けさ》を服著しめて、広大の白蓮《びゃくれん》に端座して善信に告命して曰く。

　行者宿報にてたとひ女犯すとも
　我れ玉女の身と成りて犯ぜられん。
　一生の間よく荘厳して
　臨終に引導して極楽に生せしむ。文。

救世菩薩此の文を誦して言わく。此の文は吾が誓願なり。一切群生に説き聞かすべしと告命したまへり。斯の告命に因りて数千万の有情に之を聞かしむと覚えて夢悟《さ》め了りぬ。（親鸞全集、言行篇二、二〇一～二〇二頁）

と書かれています。なおこの『夢記』をめぐって、それを傍証するものに恵信尼の、

山をいでて、六角堂に百日こもらせ給て、後世を祈らせ給けるに、九十五日の暁《あかつき》、聖徳太子の文をむすびて、示現にあづからせ給て候ければ、やがてその暁いでさせ給て、後世の助からんずるえんにあいまいらせんとたづねまいらせて、法然上人にあいまいらせて、又六角堂に百日籠らせ給て候けるやうに、又百か日、降るにも照るにもいかなる大事にもまいりてありしに。（親鸞全集、書簡篇一八七頁）

という消息があります。この文もまたこの『夢記』に重なる記録であります。

その『夢記』のおよその意味は、恵信尼の消息に重ねて理解しますと、親鸞が二十九歳の年、京都の六角堂に百日の間参籠していた時、その九十五日めの暁に夢を見て、六角堂の本尊である救世観音菩薩（それは当時、聖徳太子の本地といわれていた）が、親鸞に向って、「あなたが過去の因縁、業報によって、在家者となって妻帯することがあるならば、私がその妻となってともに生活し、臨終には浄土に向って引導《いんどう》いたしましょう。このことは私の年来の願いであるから、あらゆる人々に対して、このことを伝えてほしい」と告げられました。そこで親鸞は、そのことを数千万の人々に向って教説したところで、その夢から覚めた、ということです。

在家仏教の模索

ところで、この『夢記』の文の内容をいかに解釈するかですが、従来の見解では、これは若い親鸞が性欲の問題に悩んでいたことを物語るもので、親鸞はこの夢告をうけたあと、比叡山を下りてやがて結婚し、新しい在家止住の人生を歩みはじめたという考え方があります。事実この夢告の前半部分に相当する文は、同じ比叡山の同時代の僧侶であった金胎房覚禅の『覚禅鈔』（四十九、如意輪下）というものの中に、

本尊王の玉女に変ずる事

又云く。（若し）邪見心を発して婬欲熾盛にして世に堕落すべきに、如意輪我れ王の玉女と成りて、その人の親しき妻妾となりて共に愛を生じ、一期生の間荘厳するに福貴を以てす。無辺の善事を造らしめ西方極楽浄土に仏道を成ぜしめん。疑を生ずるなかれ云々。

という文があり、その思想、発想に通底するものがあるように考えられます。もしそうだとするならば、親鸞はそれ以前に、この『覚禅鈔』をどこかで眼にしており、それにもとづいて、このような夢を見たものであろうとも考えられます。しかしながら、より厳密に検討するならば、この夢告は救世観音菩薩の示現ということではありますが、この『覚禅鈔』の文は、観音菩薩が、「邪見の心を発して淫欲熾盛にて世に堕落する」者のために、

その妻妾となって、仏道を成就せしめたいと願っているということです。しかしながら、親鸞は、別に邪見の心を発し、淫欲熾盛にして堕落したわけではありませんので、上の示現の文とは、いささか次元の違う話だと思われます。

そしてまた、それがたんに性欲の問題だとするならば、その夢告の後半部分で救世観音菩薩が、「此の文は吾が誓願なり。一切の群生に説き聞かすべしと告命したまへり」と、このことは私の年来の誓願であるから、そのことを一切の群生に対して、説き聞かせてほしいと語ったということといかなる関係があるのか。前半の文の意味を、親鸞個人における性欲の煩悶にかかわる問題だと捉えるかぎり、後半のこの文の意味が通らなくなりましょう。その点、この夢告はたんなる親鸞個人の性欲の問題ではなくて、親鸞自身が、比叡山における出家者の仏道を歩みながら、その在りように疑問を覚えつつ、民衆のための新しい在家仏教を模索することの中から生まれた、仏教の変革を願った夢告ではなかったかということです。

3　六角堂参籠の意義

親鸞が比叡山で仏法を学んでいた時代は、平氏が壇の浦において滅亡したあと、源頼朝が征夷大将軍に任じられて新しく鎌倉に幕府を開きましたが、政権は不安定で、源氏もまもなく滅びていくこととなりました。そういう政治の混乱の中で、社会の下層にあって厳しい生活を余儀なくされた当時の民衆の苦悩はまことに深刻でありました。親鸞は時おり京都の街を歩きながら、そういう多くの人々の苦しみを垣間見《かいまみ》て、こういう人々にこそ、釈尊の教え、仏法は伝えられ、そのような民衆の苦悩をこそ、よく救済すべきであると思ったにちがいありません。その意味では、親鸞は、比叡山における出家者の仏教が、もっぱら国家権力に庇護されて、そういう民衆の苦悩とは別の世界に存在していることの矛盾を思いつつ、この多くの人々のための在家仏教こそ緊急に必要であることを痛感したことでしょう。そしてできるならば、自分もまた一介の在家者となり、そういう民衆の一人として妻帯生活をおくりながら、多くの人々とともに同じ苦悩を背負いつつ、仏教を学び、仏の救いを得たいと願うようになったのではないでしょうか。

かくして、親鸞はそういう志願の中で、自分の進むべき新しい道を模索して、この六角堂の救世観音菩薩、当時それは聖徳太子の本地として信奉されていたため、その日本の教主、釈尊としての聖徳太子に、その疑問を訴え、新しい道の教示を求めたものでありましょう。そして、上に見たような示現の文、夢告を得たのではないでしょうか。私はいまこの六角堂の示現の文を、このように解釈し、領解したいと思います。

二　源信浄土教との出遇い

1　『阿弥陀経略記』の教示

聞名不退の道

ところで私は、親鸞がこのように比叡山における出家仏教のあり方に疑問をおぼえて、民衆のための仏教に意義を見いだし、そういう新しい在家仏教を模索するようになったのは、この横川在住時代に、源信の『阿弥陀経略記』を披見したことによるものではないかと思います。すなわち、『阿弥陀経』によりますと、その六方段の終ったあとに、

舎利弗、汝が意において云何。何がゆえぞ名づけて一切諸仏所護念経とする。舎利弗、もし善男子善女人ありて、この諸仏所説の名および経の名を聞かんものは、この諸の善男子善女人みな一切諸仏のために、ともに護念せられて、みな阿耨多羅三藐三菩提を退転せざることをえん。（真聖全一、七一頁）

と説いて、この諸仏が説くところの仏名とその経名を聞くものは、ひとしく現生において不退転地に住すると教示しています。この経文は、今日における研究によれば、上の六方

段（『称讃浄土経』では十方段）の文とともに、インドにおいてあとから付加されたものであることが明らかですが、この経末において聞名不退の文が説かれていることは、〈後期無量寿経〉における聞名不退の教説とも一致して、充分に留意すべき浄土教思想であります。いま源信の『阿弥陀経略記』は、この聞名不退の文に注目しているわけです。すなわち、源信はここで、『阿弥陀経』の経末の「舎利弗於汝意云何」より「当信我語乃諸仏所説」までの文を註釈して、

経に舎利いわくより諸仏所説に至るまでは、第三に現当の益を示し勧信を助成す。諸仏同じく説く。すでに深く信受す。いかにいわんや聞信等に巨益のあるをや。あるいはこの文はただ前文を結成す。かならずしも別門となすべからざるなり。文は二となして、初めに利益を示して信受を勧進し、次に利益を示して願生を勧進す。これ即ち初なり。此れにまた二あり。初は利益、次いで勧進す。利益というは仏名および経名を聞くものは三益あり。一には現に諸仏のために護らる。二には現に不退転をうる。三にはまさに大菩提をうるべし。次に勧進とは、これに傍正あり。正しくは弥陀および経を信受することを勧む。傍にはまた通じて我が語を信ずるゆえに、まさに諸仏の名を信ずべし。諸仏の説を信ずるゆえに、まさに我が名を信ずべし。（我が名を信ずとは下に至っ

て知るべし）。ただ名を聞くものはすでに巨益あり。まさに知るべし。（恵心全集一、四二四〜五頁）

と明かして、この経文は、阿弥陀仏の仏名と『阿弥陀経』の経名を聞くものは、三種の利益を身に得ることができるといい、その内容は、第一に諸仏に護念せられること、第二にこの現生において不退転地に至ること、第三にはついには仏果、菩提を得ることができることを語っています。

そしてまた、この『阿弥陀経』の「舎利弗若有人已発願」より「応当発願生彼国土」までの文を註解しては、

経に舎利というより生彼国土に至るは、二の利益を示して願生を勧む。もと信受を勧むる意は願生にあり。故に前の文の次にこの文来るなり。これにまた二あり。一には利益、二に勧信。言うところの益とは、一に現に不退の益。二に近果往生の益。三には遠果菩提の益。この中にまたまさに護念の益あるべし。前に準じて知るべし。ゆえに略して説かず。（恵心全集一、四二六頁）

と語って、ここでは聞名ではなく、浄土を願生するならば、同じく現生において不退転地の利益を得るというわけです。かくして聞名と願生の相違が問題になりますが、それについては、源信は『阿弥陀経』の異訳の『称讃淨土経』にもとづいて、

問う。称讃経には、仏名を聞くとは言わず、ただ聞経と説けり、深く信解すれば必ず諸仏のために摂受せらる。説の如く行ずるもの定んで大菩提を退せず。および定んで極楽に生ず。また発願すれば必ず諸仏のために摂受される。説の如く行ずれば定んで大菩提を退せずしてまた定んで極楽国に生ず。二経何ゆえに不同なるや。

答う。彼は著《あら》わに至り、近くに至ってその益を説く。今は微にしたがい遠にしたがってその益を説く。互いに意趣ありて理は相違せず。第三十四の願に云く、諸仏世界の衆生の類、我が名字を聞きて菩薩無生法忍、諸深総持をえざれば正覚を取らじ。（中略）今経またしかなり。遠因となすに約する故にこの説をなす。（恵心全集一、四二七〜八頁）

と説いて、その両者の相違については、『阿弥陀経』では、きわめて直接的に明細に説いて「聞名」というが、『称讃浄土経』では、間接的におおよそについて語るところから「聞経」といったまでで、両経とも教説するところは同じであるといいます。そして『無量寿経』の第三十四願文の、「たとい我れ仏をえんに、十方無量不可思議の諸仏世界の衆生の類、我が名字を聞きて菩薩の無生法忍、諸の深総持をえずば、正覚を取らず」という文を引用します。すなわち、この聞名不退、聞名得無生忍の行道とは、すでに阿弥陀仏の本願においても誓われているところの、在家者相応の仏道であることを証明、主張しているわけです。

2　『無量寿経』の教説

『無量寿経』における聞名思想

なおまた源信は、ここでその後に、『無量寿経』の四十八願文の中で、聞名の利益を明かす本願文が合計十三願文ある中で、ことに浄土の行道について誓った第十八願文と第二十願文は別として、あとの十一願文の聞名の利益について、第三十四願文の「得無生忍」の利益、第三十五願文の「永離女像」の利益、第三十六願文の「勤修成仏」の利益、第三十七願文の「為天人敬」の利益、第四十一願文の「諸根常具」の利益、第四十二願文の「得浄解脱」の利益、第四十三願文の「生尊貴家」の利益、第四十四願文の「具足徳本」の利益、第四十五願文の「普等三昧」の利益、第四十七願文の「得不退転」の利益、第四十八願文の「一二三法忍」の利益の、十一願文を明かしていることは注目されるところです。

この〈無量寿経〉においては、すでに『浄土教理史―真宗学シリーズ3』において詳細に明かしたように、ことに〈後期無量寿経〉の『無量寿経』および『如来会』では、その本願を誓った四十八願文の中の十三願文（『無量寿経』の第十八願文を含む）が聞名について明かすわけで、浄土の行道を誓ったところの第十八願文・第十九願文・第二十願文は、〈初期無量寿経〉の『大阿弥陀経』の三願文の、不善作悪者の道（第五願文）、一般在家者の道（第六願文）、出家者の道（第七願文）の展開として説かれたものでありますが、ここでは不善作悪者の道と一般在家者の道のいずれにおいても、聞名の道が説かれているわけです。もともと〈初期無量寿経〉では、不善作悪者なる社会の下層の人々のための行道として説かれていた聞名の道が、この〈後期無量寿経〉では、一般在家者の行道としても説かれることとなっているわけです。そしていまの『無量寿経』では、第十八願文と第二十願文の行道のほかに、十一種の願文において、聞名による現生と来世にわたる利益を誓っているわけで、このことは〈無量寿経〉の特異なる思想展開として、充分に注目されるべきことであります。

3　龍樹『十住毘婆沙論』の教説

難行道と易行道

源信は、『阿弥陀経略記』において、このような聞名不退の道を教説するについては、さらにインドの龍樹（一五〇〜二五〇ごろ）の『十住毘婆沙論』を詳細に披見していることが知られ、そこには、十住毘婆沙に不退の因を説いて云う。阿弥陀等の諸仏および諸菩薩の名を称し一心に念ずれば、また不退転をうる。すなわち一百余仏を挙ぐる。（恵心全集一、四一三頁）

と明かしております。そしてまたその後に、聞名による三種の利益を明かして、

一心に念仏し信淨にして疑はずば、必ず仏を見るをうることとついに虚しからざるなり。（恵心全集一、四一六頁）

と説きますが、この文は、聞名不退について語った「易行品」の「もし人、善根をうえて疑えば則ち華開けず、信心清浄なるものは華開けて則ち仏を見る」（大正二六、四三頁）という文にもとづいて示したものでしょう。このことは、龍樹が「易行品」において在家者の仏道を明かすについて、難行道と易行道があるといい、その難行道とは般若空観を行ずるところの五功徳法の実践の道で、あたかも陸路を歩行するようなきわめて険難な道であるが、その易行道とは、信方便易行の道として、諸仏、諸菩薩の名を聞いて、それについて礼拝・称名・憶念の三業を奉行する道で、それはあたかも水道を乗船して進むような容易の道であるというわけです。そしてその易行道については、「易行品」では、現在十方十仏章、阿弥陀仏等の百七仏章、過去未来八仏章、東方八仏章、三世諸仏章、諸大菩薩章などの諸仏、諸菩薩の名号が説かれています。上の「阿弥陀等の諸仏」とは、その百七仏章について明かしたものです。

かくしてこれらの諸仏、諸菩薩の名を聞いて、それを日々に礼拝し、その名号を称し、それを憶念するという身口意の三業を実践し、それを相続徹底していくならば、やがてまことの聞名体験が成立して、信心清浄となり見仏することができるといい、それによって現生に不退転地に住し、如来の家に生まれることができるというのです。いま源信は、そのことを略説して「阿弥陀等の諸仏および諸菩薩の名を称し一心に念ずれば、また不退転をうる」（恵心全集一、四二六頁）「一心に念仏し信浄にして疑はずば、必ず仏を見る」（恵心全集一、四二三頁）などと明かすわけです。

三　見仏の道と聞名の道

1　天台教学における見仏の道

一色一香無非中道

源信の基本的な立場である天台宗においては、あらゆる存在を捉えるについて、それは何らの実体はなくて空《くう》であると見る空諦《くうたい》と、あらゆる存在とはまたすべて因縁生起したものであって、仮《け》の存在でしかないと見る仮諦《けたい》と、さらにはその両者の対立を超えて、ただちにあらゆる存在の本質を見て中諦《ちゅうたい》といいます。かくしてこの空諦・仮諦・中諦の三諦は、空のままに仮でもあり中でもあり、仮のままが空でもあり中でもあり、また中のままが空でもあり仮でもあって、その三諦は、相互にそれぞれが他者をも収めているわけで、そのことを三諦円融《さんたいえんゆう》と説きます。これが現実のいっさいの現象、そのありのままなる実相だというわけです。そしてそのことを如実に知見する具体的な実践法として教えるものが、一心三観《いっしんさんがん》なる観法です。

そして、このような三観思想を基調として、地獄、餓鬼、畜生、修羅、人間、天上、声聞、縁覚、菩薩、仏の十界の迷悟の世界は、それぞれ他の九界を具して十界互具し、さらにはそのことが展開して三千世間となりますが、そのそれぞれはまた互具互融《ごぐごゆう》するところであり、あらゆる存在にはすべて三千世間が円具しているわけで、「一色一香無非中道《いっしきいっこうむひちゅうどう》」として、いかなる個々の存在においても三千世間が具足しているといい、それを三千円具《さんぜんえんぐ》と説きます。そしてこの現実の私の迷いの一念にも、この三千の諸相が円具していることを観法することを一念三千《いちねんさんぜん》といいます。

いずれも諸法実相の原理について説いたものですが、三諦円融とは、その実相をその理《り》性《しょう》、本質、本性の立場から語ったものであり、三千円具とは、それをその事相《じそう》、具体的な現象の立場から明かしたものです。かくして天台教学においては、このような三諦円融、三千円具の宇宙観、世界観を語りつつ、それについての一心三観、一念三千の観法を教説するところであります。

『往生要集』の撰述

ところで源信は、仏道の実践においては、基本的には、上に見たような天台教学の三諦円融、三千円具の根本原理について観念し、それについて体解していくという本来の仏道をめざしながら、その反面においては、あらゆる万人平等の立場に立って仏道を捉えるかぎり、さらにはまた、自己自身の現実の存在相を厳しく省みるかぎり、そのような高級な観法はまことに至難な道でありました。かくして源信は、他面においては「予が如き頑魯《がんろ》の者」（『往生要集』真聖全一、七二九頁）という立場からの、凡夫相応の平易な仏道を探求しました。そしてその方向の中から著わされたものが『往生要集』三巻です。ここではそのような三諦円融、三千円具と明かされるところの根本真理、その具体的な象徴表現として捉えられた阿弥陀仏を対象として、それについての勝なる観念々仏、または劣なる称名念仏を修め、その来迎による見仏体験を得て、浄土に往生することをめざしているわけです。そして源信は、終生天台宗の教団に所属しながらも、その晩年には、一介の隠遁者として横川の花台院に住して、もっぱら念仏行者として過ごしたわけで、「極重の悪人は他の方便なし、ただ仏を称念して極楽に生ずることをうる」（『往生要集』真聖全一、八八二頁）とは、源信の仏道の帰結でもあったと思われます。

かくして源信は、『往生要集』の第四正修念仏門において、

若し相好を観念するに堪えざるものあらば、あるいは帰命の想により、あるいは引摂の想により、あるいは往生の想によって、まさに一心に称念すべし。（中略）行住坐臥、語黙作作に、つねにこの念をもって胸の中におくこと、飢えて食を念うがごとく、渇して水を追うがごとくせよ。あるいは頭をたれ手をあげ、あるいは声をあげ名を称え、外儀は異なりといえども心念は常に存せよ。念念に相続して寤寐《ごび》に忘るることなかれ。

（『往生要集』真聖全一、八〇九頁）

と明かし、また『観心略要集』にも、

末代の行者は理観に堪えず。妄染転じ難し、即生の中にその行いずくんぞ成ぜん。（中略）しかじ、ただ弥陀の名号を唱えて聖聚の来迎を待たんには。（恵心全集一、三二三～四頁）

と説くところです。ここでも観想にたえないものは称名せよといいます。ただしそのことは、かつて中国の善導が、浄土往生の行道として観仏の道と称名の道の二種の行道を対比して、観仏の道を排して称名の道を選んで主張したものとは異なり、その称名行もまた、

広くは観念・観仏・見仏のための行に属するものにほかなりませんでした。

したがって源信における浄土往生の行道とは、基本的には観想念仏、見仏の道として、仏身観察の道でありました。そのような観想念仏にたえない者に対しては、一心称名の道もあることを明かしましたが、それも本質的には、観察、観念の行、見仏の行に属するもので、日々不断に観想念仏ないし称名念仏を相続していくことにより、ついには三昧、見仏体験を得て浄土に往生する道をいうもので、源信における行道とは、どこまでも観仏の道、見仏の道であったことが知られます。

2 『阿弥陀経略記』の聞名の道

見仏の道と聞名の道

しかしながら、源信には『阿弥陀経略記』というものが存在しますが、その内容については、すでに上において見たように、『阿弥陀経』の「舎利弗、於汝意云何云々」の文を註解するについては、

利益というは、仏名および経名を聞くものは三益あり。一には現に諸仏のために護らる。二には現に不退転をうる。三にはまさに大菩提をうるべし。（恵心全集一、四二五頁）

と明かして、聞仏名、聞経名の仏道を修めるならば、この現身において諸仏に護念され、またこの現身において不退転地の益をうけ、さらにはまたそれにおいて、ついには大菩提、大般涅槃を証することができるというのです。すなわち、聞名にはそれほどの利益があるというわけです。そして、それに続く『阿弥陀経』の「舎利弗、若有人已発願今発願当発願」の文を註解しては、

言うところの益とは、一に現に不退の益。二に近果往生の益。三に遠果菩提の益。

（恵心全集一、四二六頁）

といって、ここでもまた、聞名にもとづく現生の利益とは、不退転地に住することであるというのです。そしてそのあとに、『無量寿経』の第三十四願の聞名得忍の願文を引用し、さらには、龍樹の『十住毘婆沙論』の聞名不退の文に注目しています。

かくしてこのことからすると、源信の浄土教領解において、『往生要集』によれば見仏の道を説いているわけですが、この『阿弥陀経略記』によれば聞名の道を明かしているところです。しかしながら、源信における基本的な立場は、いうまでもなく前者の見仏の道でありました。

3 親鸞における比叡下山の理由

親鸞の開眼

親鸞は、この源信の『阿弥陀経略記』が説く聞名不退の仏道に深く注目し、それにおいて新しく開眼せしめられるところがあったのではないでしょうか。また親鸞は、この『阿弥陀経略記』を通して、〈無量寿経〉が説く聞名の道の教説、そしてまた龍樹の『十住毘婆沙論』の易行道なる聞名不退の道の教示をめぐって、新しく多くのことを学んだことであろうと思われます。そしてこの〈無量寿経〉と〈阿弥陀経〉が教説する聞名の道こそが、自分が長く探し求めてきた、新しい在家者のための、まことの仏道であると領解したものと考えられます。かくして親鸞は、そのことを確認するために、六角堂に参籠したのであろうと思います。その点、上に見たところの『親鸞夢記』に見られる救世観音菩薩の霊夢、聖徳太子の示現の文とは、そういう新しい庶民のための在家仏教の模索の中で、親鸞が明確に、まったく新しい仏道に開眼したことを物語るもので、前半の「行者宿報云々」の文は、その新しい仏教が、伝統の仏教に対する在家者のための仏道であることを意味し、後半の「此の文は吾が誓願なり云々」の文は、その在家者のための仏教が、これよりひろく流伝するようにと念願したことを意味するものと思われます。かくして親鸞は、この夢告を契機として、明確に比叡山からの下山を決意したものでありましょう。

『教行証文類』の主張

以上のことは、まったく私の自己領解にすぎませんが、その後において、親鸞が開顕した真宗の行道の内実を研尋するならば、そのことがきわめて鮮明に理解、納得できることでしょう。その詳細については、すでに『真宗学概論――真宗学シリーズ2』と『浄土教理史――真宗学シリーズ3』において解説したところであり、いまはその要点をまとめて明かします。

すなわち、親鸞の主著である『教行証文類』の「行文類」によれば、真宗における真実なる行とは称名であると規定し、その称名とは、私から仏に向う称名でありつつも、それはまたそのまま阿弥陀仏から私に向う仏の告名、呼び声にほかならず、私にとっては、まさしく聞かれるべき称名にほかならないと明かします。すなわち、まことの称名とは聞名に即一すべきだというのです。いまの〈無量寿経〉および〈阿弥陀経〉が教説する聞名とは、まさしくそういう称名即聞名なる、まことの聞名をいうわけです。そして親鸞は、その私の称名が、そのまま仏の告名だということについて、それを「阿弥陀仏の声《ミナ》」（「真仏土文類」真聖全二、一二三頁）と明かして、それはひとえに傾聴、聞思されるべきものであると主張します。これが「行文類」の基本的な趣旨です。

そして親鸞は、次の「信文類」において、その聞名の聞をめぐって解説し、それは私の罪業深重について聞き、仏の無倦大悲について聞き、そのことが即一して私自身における「めざめ」体験となるところ、それがまことの聞名であり、それがそのまま究極的な信心体験を意味すると教示します。かくして真宗における行道とは、称名・聞名・信心の道であって、その三者がまさしく即一する時、その行道の完結として、この現生において不退転地に住し、即得往生を成就することができると主張します。これが「信文類」の基本的な趣旨であります。すなわち、親鸞はこの「行文類」と「信文類」において、真宗における行道を明示したわけです。そこでは何よりも私が称名念仏することを勧め、その私の称名が逆転して仏の称名、仏の私に対する呼び声として聞かれてくること、その聞名体験を信心といい、ここに行道の成就があって、真宗における仏道とは、ひとえに聞名の道であることを開顕したのです。

以上のことは、すでにことに『真宗学概論――真宗学シリーズ2』および『浄土教理史――真宗学シリーズ3』において詳細に解説したところですが、またこの後においてもいささか説明いたしましょう。

第二章　真宗における行道思想

一　阿弥陀仏思想の成立

1　仏塔崇拝と阿弥陀仏思想

阿弥陀仏という名称

阿弥陀仏思想とは、釈尊の遺骨を祀った仏塔を基盤として生まれたものだといわれます。釈尊は、今日までの研究では紀元前三八三年ごろ（南方仏教の伝承では紀元前五四四年ごろ）に入滅したといい、その遺骸は在家信者によって火葬にされ、その遺骨は八等分されて、インドの各地に建立された仏塔に安置されたといいます。そしてそれらの仏塔は、多くの在家信者たちによって供養され、崇拝されていきました。現在もインドの各地に、それらの仏塔が奉持、伝統されています。

そしてこの仏塔をめぐる在家信者を中心とする仏教集団が各地に成立し、その釈尊崇拝が次第に徹底、昇化されることにより、釈尊は偉大なる聖者であり、救済者であって、その釈尊の「さとり」、その「いのち」の働きは、空間的には無量、無辺であり、また時間的にも無量、永遠であって、いまも私たちに向って、確かに到来し、働きかけていると考えるようになりました。

もともと阿弥陀仏という名称は、その原語では、アミターバ（Amitābha・光明無量）アミターユス（Amitāyus・寿命無量）のアミタから生まれたものですが、この無量の光明、無量の寿命という観念は、そのもとを尋ねますと、釈尊について語られたものであって、釈尊崇拝の営みの中から、その超人化、永遠化において、象徴表現として、新しい仏、阿弥陀仏なる仏を感得し教説するようになったものと思われます。その阿弥陀仏にかかわる〈初期無量寿経〉によりますと、阿弥陀仏の前身である法蔵菩薩《ほうぞうぼさつ》とは、もと国王であって、その国土と王位を棄てて出家したと説かれており、また法蔵菩薩の師仏としては燃灯《ねんとう》仏《ぶつ》（錠光仏）が語られますが、釈尊伝によりますと、それは釈尊の師仏でもあって、成仏の授記《じゅき》、予言を与えた仏だといわれます。その点、この阿弥陀仏説話は釈尊伝に重なっていることが明瞭です。また〈初期無量寿経〉では、仏塔を崇拝し、それを供養することが浄土往生のための重要な善根となると教説しておりますが、このこともまた、釈尊崇拝と阿弥陀仏思想との関係をよく物語るものでしょう。

かくして阿弥陀仏という思想は、歴史的な存在としての釈尊を崇拝し、それを憧憬する在家信者中心の仏教集団によって、その「さとり」、その「いのち」の象徴表現として生成してきたものであることが明瞭であります。その点、キリスト教におけるヤハウェの神が神話の世界の中で語られ、その神による天地創造が説かれることとは、まったく次元を異にすること、そしてまた日本の神祇信仰も同様に神話にもとづいて語られるところですが、それともまったく異なります。阿弥陀仏が、そういう神話とは無関係であることは、充分に認識されるべきところでしょう。

2 釈尊と阿弥陀仏

『二尊大悲本懐』の教示

かくして、阿弥陀仏とは、釈尊の「さとり」、その「いのち」の象徴表現として、さまざまに教説されることとなったわけですが、親鸞によれば、釈尊とは、阿弥陀仏がこの現実世界、インドに応現したものであるといいます。すなわち親鸞は、『浄土和讃』（『諸経意弥陀仏和讃』）に、

久遠実成阿弥陀仏　五濁の凡愚をあはれみて　釈迦牟尼仏としめしてぞ　迦耶城には

応現する（真聖全二、四九六頁）

と明かしています。久遠実成、無始無終なる法身仏としての阿弥陀仏が、この五濁悪世の衆生を憐み、それらを救済、成仏させようと願ってインドに示現したのが、釈尊にほかならないというのです。

ところで親鸞には、この釈尊と阿弥陀仏をめぐる問題について、『二尊大悲本懐』と呼ばれる一幅の軸物が伝えられております。これは書写されたものも伝承されていますが、東本願寺蔵のものは、昭和二十三年（一九四八）の寺宝調査によって親鸞の真蹟と認定されています。そこでは中央上段に太字で釈尊の出世を讃える文を書き、その下にその文を註解し、「教主世尊之大悲也」と結んでいます。また中央下段には太字で阿弥陀仏の誓願を讃える文を書き、その下にその文を註解して「阿弥陀如来之大悲也」と結んでいます。そして最上段には、細字で源信の『往生要集』の文と、覚運の『念仏宝号』「念仏偈」の取意の文を書き、また最下段には、細字で『無量寿経』の発起序の「五徳瑞現の文」と、「出世本懐の文」を書いています。これは親鸞が本尊として敬礼したものであろうといわれていますが、親鸞の何歳のころに成立したものか、きわめて興味のあるところです。ここでは釈尊の大悲と阿弥陀仏の大悲が、対称的、呼応的に捉えられていることは充分に注目すべきところですが、その最上段に書かれた覚運の『念仏宝号』「念仏偈」の取意の文

には、

一代の教主釈迦尊、迦耶にして始めて成るは実の仏にあらず。久遠に実成したまへる弥陀仏なり。永く諸経の所説と異なる。（親鸞全集、写伝篇二、二〇八頁）

と明かしています。その原文の意趣は、迦耶（ブッダガヤ）において成道した釈尊は、応身仏であって久遠実成の実の仏ではない。それに准例すれば、浄土において成仏した阿弥陀仏も応身仏であって、別の久遠実成の阿弥陀仏が存在する。その点は、諸経の所説と相違するというものです。

しかしながら、いまのこの親鸞が取意した文の意味は、そういう原文の意味を転じて、一切の経典を開説した釈尊とは、迦耶において成仏した仏であるが、それは実の仏ではなく、本来的には、久遠実成なる阿弥陀仏にほかならない、そのことは諸経が説くところとは永く相違するものである、ということであります。ここでは親鸞は、明確に釈尊とは阿弥陀仏であると主張しているわけです。その点では、〈無量寿経〉の説者、さらには一切の経典の説者は、すべて阿弥陀仏であるという理解です。すなわち親鸞においては、釈尊とは阿弥陀仏にほかならないというのです。

かくして真宗の立場からしますと、その思想史、浄土教理史の視点からすれば、釈尊の永遠化、そしてその象徴化として阿弥陀仏思想が教説されたわけですが、また親鸞の視点、その真宗教義学の視座からすれば、阿弥陀仏が釈尊として応現したことにほかならないわけで、いずれにしても、釈尊から阿弥陀仏へ、阿弥陀仏から釈尊へということであって、真宗においては、究極的には、阿弥陀仏と釈尊とは即一するものであるといいうるのです。真宗の寺院において、改めて釈迦仏を祀らないことは、まことに正当でしょう。

3　象徴表現としての阿弥陀仏

指月の指

宗教の世界で説かれる究極的な真実、実在というものは、つねにこの世俗を超えているところ、それを説明するについては、ひとえに象徴表現という方法を用いて語るほかはありません。象徴表現とは、この世俗を超えた究極的な真実について、それを世俗的な概念をもって、あたかも何々のようにという、類比的な表現方法によって説明することをいいます。だから、そこではつねに、この世俗におけるさまざまな事物や概念をもって表現しながらも、また同時に、それを全面的に否定、排除することによって、その表現の彼方にあるものを指示しようとします。

たとえば経典において、極楽浄土を説明するについて、この世俗で最高の価値をもった金・銀などの宝石を材料としていろいろと教説しながらも、最後には、それはとうてい説明できるものではないといって、その説明のすべてを否定することにより、その説明の彼方にあるものを指示しようとするわけです。

そのことを『大智度論』では、月と指の譬えをもって教示しています。それによりますと、夜空の天空に輝く月とは究極的な真実のことで、指とは、その真実について説明した教法の言葉をいうわけです。私たちはいつも下ばかりを見て歩いていますので、その指、教法の言葉の教示によってこそ、初めて天空の月を仰ぎ見ることができるのです。ここでは、その指を見て月そのものと錯覚し、誤解するなというわけです。その指、教法の言葉とは、自分自身では、ただちに月を仰いで見ることができない私のために、あえて月を指し示した、たんなる方便・手段であって、その月と指、阿弥陀仏とその教えの言葉との間には無限の距離があって、両者は明確に異なっているというのです。すなわち、月を指すところの指、その教法とは、象徴表現として、私たちに月そのものを見る、それを体験させるための方法・手段にすぎないわけで、月と指、究極的な真実とそれを指示する教法の言葉を、決して混同してはならないというわけです。

そのことはまた、親鸞においても示教されているところです。すなわち、親鸞は「自然法爾章」の法語において、

弥陀仏は自然のやうをしらせんれうなり。（真聖全二、五三〇〜一頁）

と明かしますが、その意味するところは、阿弥陀仏をめぐる経説は、すべてが究極的な真実、自然法爾の世界を、私たちに知らせるための材料であり、そのための方法・手段にほかならないというわけです。すなわち、超越的、究極的な真実そのものは、この世俗の世界では直接的には指示できないので、象徴表現として教説するほかはないということです。

仏身と名号

ところで、『大智度論』では、

是の法性身は十方虚空に満ちて無量無辺なり、色像端正にして相好荘厳せり、無量の光明、無量の音声ありて聴法の衆は虚空に満てり。此の衆もまた是れ法性身にして生死の人の見うるところにあらざるなり。常に種々の身、種々の名号、種々の生処、種々の方便を出して衆生を度し、常に一切を度して須臾《すゆ》として息《や》む時なし。是の如きは法性身仏なり。（大正二五、一二一～二頁）

と明かします。それによりますと、ここでいう法性身とは、第一義諦、真如実相の立相化としての、智慧より生じた仏身として、色像端正なる相好荘厳をもって衆生に向って顕現したものですが、それはなお生死の世界の人々には見ることはできないといいます。そこで、それがさらに世俗に向って到来し、接近して、「種々の身」「種々の名号」をもって示現しつつあるというのです。すなわち、究極的な真実、法性真如とは、この世俗に対して、仏身として、また名号として示現し、到来しつつあるというわけです。

かくして大乗仏教における仏身思想としては、その仏が私たち衆生に向って到来、顕現するについては、姿形をもって仏身として到来するか、または言語をもって仏名、教言として示現するかのいずれかであるというわけです。そのことはまた、視座を変えていえば、究極的な真実が、この世俗に対して到来し、働きかけるについては、その象徴表現としては、形像としての仏身として表詮するか、または仏名としての名号をもって表示するか、ということでもあります。そしてその仏が形像・仏身として捉えられ明かされるところからすれば、その仏に出遇い、それを体験するためには、心眼《しんげん》を育ててそれを観見するという見仏の道が教示されることとなり、その仏が仏名・名号として捉えられ明かされるところからすれば、その仏に出遇い、それを体験するためには、心耳《しんじ》を育ててそれを傾聴、聞思するという、聞名の道が教説されることとなります。

二 〈無量寿経〉における行道思想

1　〈無量寿経〉の諸異本

〈無量寿経〉における行道思想については、すでに『真宗学概論――真宗学シリーズ２』および『浄土教理史――真宗学シリーズ３』において、詳細に述べたところですが、いまはその要点について明かします。

真宗における行道は、その原典としての〈無量寿経〉に教説されているところですが、この〈無量寿経〉には漢訳本が五種類あり、その原本としての『サンスクリット本』が存在します。その漢訳本は、

(1)『阿弥陀《あみだ》仏三耶《ぶつさんや》三仏薩楼《さんぶつさつる》仏檀過《ぶつだんか》度《ど》人道経《にんどうきょう》』（『大阿弥陀経』）二巻、呉、支謙《しけん》訳
(2)『無量清浄平等覚経《むりょうしょうじょうびょうどうがくきょう》』四巻、魏、帛延《はくえん》訳
(3)『無量寿経』二巻、東晋、仏陀《ぶつだ》跋陀羅《ばつたら》・宝雲《ほううん》訳
(4)『無量寿如来会《むりょうじゅにょらいえ》』（『大宝積経』第一七・一八会）二巻、唐、菩提流支《ぼだいるし》訳
(5)『大乗無量寿荘厳経《だいじょうむりょうじゅしょうごんきょう》』三巻、宋、法賢《ほっけん》訳
（訳者については藤田宏達氏の所説に従がった。）

の五本をいい、『サンスクリット本』には、Sukhāvatīvyūhaという経題が付されています。問題はそこに説かれる阿弥陀仏の本願の数量で、『大阿弥陀経』と『平等覚経』の二本は

二十四願、『荘厳経』は三十六願、『無量寿経』と『如来会』は四十八願、そして『サンスクリット本』は四十七願（または四十九願）となっています。

その点、この諸異本の成立年代とその成立にかかる思想的背景が問題となりますが、いまは先学の研究にもとづいて、それらを二十四願経と三十六願経と四十八願経の三系統に分類し、二十四願経は、もっとも早い時期に成立したと考えて〈初期無量寿経〉と呼び、四十八願経は、その増広発展として成立したと考えて〈後期無量寿経〉と呼び、三十六願経の『荘厳経』は、内容的には異系統に属して、成立年代についても、もっとも後代に位置すると考えられますので、いまは別出して考察します。

なお、それぞれの経典の先後関係については、〈初期無量寿経〉においては『大阿弥陀経』『平等覚経』、〈後期無量寿経〉においては『無量寿経』『如来会』『サンスクリット本』の順と理解することにします。

2 〈初期無量寿経〉における行道

『大阿弥陀経』の行道

そこでまず、〈初期無量寿経〉の中でもっとも早く成立したと考えられる『大阿弥陀経』によりますと、その本願の中の第四願文では、阿弥陀仏は、自分の名号を十方世界に伝えたいと願い、あらゆる人が、その仏名を聞いて信心歓喜するならば、その人々をすべて浄土に往生させたいと願っています。そして阿弥陀仏は、そういう願いにもとづいて、第五願・第六願・第七願の三願によって、人々を救済して浄土に往生成仏させる行道を誓願します。

すなわち、第五願文は、不善作悪者の仏道を明かしたもので、日々に善根を修めることが少なく、かえって悪業を犯すことの多い社会の下層の人々でも、ひとえに第四願文に誓われた仏名を聞くことにより反省懺悔して作善するならば、必ず浄土に往生できるといいます。

次の第六願文は、一般在家者の仏道を明かしたもので、浄土を願生して、仏塔を崇拝し、人々に布施し、出家者に供養するなどの、さまざまな善根を修めるならば、ついには浄土に往生することができるといいます。

そして第七願文は、出家者の仏道を明かしたもので、出家して六波《ろくは》羅《ら》蜜行《みつぎょう》を修めれば、臨終に来迎を得て、浄土に往生することができるといいます。これがもっとも原形の〈無量寿経〉である『大阿弥陀経』が明かすところの三種の行道です。

ことにこの『大阿弥陀経』においては、聞名について、

仏のたまはく、それ人民善男子善女人ありて、阿弥陀仏の声を聞きて、光明を称誉し

朝暮に常にその光明の好を称誉して、心を至して断絶せざれば、心の所願にありて、阿弥陀仏国に往生し、衆の菩薩・阿羅漢のために尊敬せらるることをうべし。（真聖全一、一四二頁）

と説いて、その「阿弥陀仏の声を聞き」、またはその「光明の好を称誉」するならば、必ず浄土に往生することができると説いています。そして親鸞は、この文を「真仏土文類」（真聖全二、一二三頁）に引用して、その「阿弥陀仏の声」という文の「声」に「ミナ」と振り仮名を付しております。このことからすると、第四願文と第五願文で説くところのこの聞名とは、阿弥陀仏の声、阿弥陀仏の私に対する告名、名のりの呼び声を聞くということを意味するわけでしょう。

『平等覚経』の行道

次の『平等覚経』によりますと、上に見た『大阿弥陀経』の第四願文と同じ内容をもった第十七願文において、阿弥陀仏はその名号を十方世界に伝えて、人々がその仏名を聞いて信心歓喜するならば浄土に往生させたいという願いを明かします。そしてそれにもとづいて、第十八願と第十九願の二願によって二種の行道を設定し、あらゆる人々を救済し浄土に往生させようと誓います。

すなわち、第十八願文は、浄土を願生して菩薩道を行じるならば、臨終に仏の来迎を得て、浄土に往生することができるといいます。このことは明らかに、『大阿弥陀経』の第七願文の出家者の仏道に重なるものです。そして次の第十九願文は、善根を修めることが少なく悪業を犯すことの多い者が、仏名を聞くことによって反省懺悔し、仏道を行じるならば、ついには浄土に往生することができるといいます。これは『大阿弥陀経』の第五願文の不善作悪者の仏道に重なるものです。

ところで、この『平等覚経』においては、行道を明かす願文はこの二願のみで、『大阿弥陀経』に比べると、一般在家者の行道が欠落しております。もともとこの一般在家者の道としての作寺起塔などの善根は、釈尊崇拝、仏塔供養の思想にかかわるものですが、いまそれが消滅しているということは、阿弥陀仏思想が、その成立母胎であった仏塔崇拝から次第に離脱し、独立していったことを意味するものと思われます。

かくして、この〈初期無量寿経〉における行道は、もともと不善作悪者の道と一般在家者の道と出家者の道の三種の仏道が説かれていましたが、のちには、仏塔供養にかかわる一般在家者の仏道が欠落していったということです。

3 〈後期無量寿経〉における行道

『無量寿経』と『如来会』の行道

次に〈後期無量寿経〉における『無量寿経』と『如来会』については、その本願の思想はよく近似しておりまして、両経の第十七願文によりますと、阿弥陀仏は、十方世界の諸仏によって自らの名号を称揚させて流布せしめ、それによって人々を救済しようと願っていることを明かしています。このことは、上に見た『大阿弥陀経』の第四願文と、『平等覚経』の第十七願文の意趣に重なるものです。

そして両経は、人々を救済するために、第十八願・第十九願・第二十願の三願において、その行道を誓願しています。すなわち、第十八願文は、仏名を聞くこと、聞名にもとづいて信心歓喜するならば、よく浄土に往生することができると明かします。またそこでは、両経ともに、五逆の罪を犯す者と仏法を否定する者は除くといいます。このことは、仏法を否定する者を除くことは当然としても、仏教においてもっとも重い五逆の罪を犯す者以外は、いかなる罪業を犯した人々でも、すべて赦《ゆる》して浄土に迎えることを意味します。その点、この第十八願文は、悪人の往生を目標としていることが知られ、それは上に見た〈初期無量寿経〉の『大阿弥陀経』の第五願文、『平等覚経』の第十九願文の延長、展開として成立したことがうかがわれます。

またその第十九願文は、いずれも菩提心を発して、さまざまな善根、功徳を修める行道を語り、そこではともに、この道を行ずる者は、その臨終において阿弥陀仏の来迎を得て往生すると明かしています。その点からしますと、この行道は、〈初期無量寿経〉の『大阿弥陀経』の第七願文、『平等覚経』の第十八願文の、出家者の行道の延長、展開として説かれたものであろうことがうかがわれます。

次の第二十願文は、『無量寿経』『如来会』のいずれにおいても、聞名にもとづいて善根を修めるならば、ひとしく浄土に往生することができると明かします。ここでは誰を対象とする行道であるかは明瞭ではありませんが、上に見たように、第十八願文が〈初期無量寿経〉の不善作悪者の仏道の展開として説かれ、第十九願文が出家者の仏道の延長として説かれたものであるとするならば、この第二十願の道は、当然に一般在家者の仏道について誓ったものだと考えざるをえません。とするならば、ここでは作寺起塔などの仏塔崇拝にかかわる善根が消滅して、ひとえに聞名にもとづく道が明かされていることが注意されます。このことは、一般在家者の仏道が、不善作悪者の仏道と同じ聞名にもとづく道として説かれることとなったものと考えられます。

『サンスクリット本』の行道

同じく〈後期無量寿経〉に属する『サンスクリット本』によりますと、まず第十七願文において、『無量寿経』と『如来会』の第十七願文と同じように、無量の仏国の諸仏たちが阿弥陀仏の名号を称揚するように願い、次いで第十八願と第十九願の二願による二種の仏道が明かされております。

すなわち、第十八願文によりますと、菩提心をおこして聞名信心するならば、臨終において阿弥陀仏が来迎して浄土に往生できると明かしています。ここで菩提心をおこすということは、臨終に来迎を得るというところからすれば、これは上に見た『無量寿経』と『如来会』の第十九願文の延長として説かれたもので、もともとは出家者の仏道であったということが知られるわけですが、ここでは今生において不退転地に至ると説いています。

そして次の第十九願文でも、聞名にもとづく善根の修習と、それにもとづく浄土往生が語られ、また五逆の罪を犯す者と仏法をそしる者は除くと明かしています。その点からすれば、この第十九願文は、上に見た『無量寿経』と『如来会』の第十八願文の延長、展開として説かれたものであることが明瞭です。

かくして、この『サンスクリット本』の行道とは、もともと出家者の道と不善作悪者の道の延長として説かれたものでありながら、行道の内実としては、その二種の行道は、いずれも聞名信心の道として教説されており、ここでは上に見た『無量寿経』と『如来会』の第二十願の一般在家者の道が、第十九願文の不善作悪者の道に統合されているのです。この点は、充分に注目されるべきことでしょう。

『荘厳経』の行道

〈初期無量寿経〉と〈後期無量寿経〉のいずれにも属さないで、後代において別系統の思想的背景をもって新しく成立したと考えられる『荘厳経』の行道については、その三十六願の中の第十三願と第十四願において明かされています。すなわち、第十三願文では、浄土を願生してその名号を念じるならば、臨終に来迎を得て往生できるといいます。その行道は、あえていうならば、上に見た『サンスクリット本』の第十八願文に近似するもののように思われます。

また第十四願文では、聞名にもとづき、菩提心をおこして善根を修めるならば、意に従っていかなる諸仏の浄土にでも往生できると明かします。この行道については、いろいろと問題は残りますが、あえていうならば、『サンスクリット本』の第十九願文に近いようにも考えられます。

なお、この両願が明かすところの行道が、いずれも聞名（念名）について語り、またここではたんに浄土往生のみでなく、明確に、阿耨多羅三藐三菩提《あのくたらさんみゃくさんぼだい》なる仏果の得証を誓っていることも、特色ある仏道として注意されるべきことでしょう。

〈阿弥陀経〉の行道

なおこのような聞名思想は、この〈無量寿経〉と同じ時代に成立したと考えられる、〈阿弥陀経〉にも見られるところです。『阿弥陀経』（鳩摩羅什訳）では、浄土往生の行道を明かすところで「名号を執持《しゅうじ》する」（真聖全一、六九頁）と説いていますが、『サンスクリット本』では「かの世尊アミターユス如来の名を聞き、聞いて思念し」（藤田宏達訳『梵文和訳 無量寿経・阿弥陀経』一六四頁）とあって、それは聞名思念を意味し、また別訳の『称讃浄土経』では、名号を「聞き已りて思惟する」（真聖全一、二四六頁）と訳しているわけで、この「執持名号」という経文は、聞名し信心することを意味するものであると理解すべきでしょう。また経末の釈尊の勧信とその讃文においても、この仏名と経名を聞く者は、現生では不退転地に至り、当来には浄土に往生を得ると明かしているところです。〈阿弥陀経〉が説く行道もまた、聞名の道であることが知られます。

4 聞名不退の道

以上見てきたように、〈後期無量寿経〉においては、阿弥陀仏の声を聞く、その名号を聞くという聞名の思想がことに強調されるようになり、〈後期無量寿経〉の願文によりますと、『無量寿経』と『如来会』では、その願文において、「聞我名号」「聞我名字」「聞説我名」「聞我名」などと説いて、四十八願中、十三願文が聞名の得益について誓っております。（『無量寿経』の第十八願文を含む）、そしてそこでは聞名によって今生において不退転地に至ることができるといい、また聞名によって来世には浄土に往生ができるといい、そのほか聞名によって、今生と来世にわたって、さまざまな利益を身に得ることができると明かし、また『サンスクリット本』でも、同じように四十七願の中の十一願文（四十九願の中の十三願文）が、聞名の得益について誓っているところです。

そしてもっとも後代に属すると推定されるその『サンスクリット本』では、すでに上に見たように、第十八願文と第十九願文に誓われる二種の行道が、聞名不退の道（第十八願文）および聞名往生の道（第十九願文）として明かされ、ともに聞名の道が説かれているわけですが、このことは、浄土教における行道が、もともとは不善作悪者なる悪人成仏の道として説かれた聞名思想に、ついには集約されていったということを意味するわけで、この点は、充分に注目すべきところでしょう。

三　龍樹浄土教における行道

1　『十住毘婆沙論』「易行品」の教示

難行道と易行道

ところで〈無量寿経〉においては、その発展深化において、もっぱら聞名不退、聞名往生の道が説かれることとなりましたが、聞名とは、すでに上において見たように、より具体的には「阿弥陀仏の声を聞く」ことを意味します。しかしながら、ここで阿弥陀仏の声を聞くという事態は、いったいいかにすれば私において成りたつのか、そのことについては〈無量寿経〉は何ら語るところはありません。そこでその聞名という事態が、この私において確かに成りたつ方法について明確に開顕したのが、インドの龍樹浄土教です。

龍樹（Nāgārjuna・一五〇～二五〇ごろ）の浄土教においては、その著の『十住毘婆沙論』によりますと、大乗仏教の菩薩道、ことに在家者の仏道については、その初地、不退転地に至るための道として、あたかも世間の道に、困難な陸路歩行の道と容易な水路乗船の道があるように、難行道と易行道があるといいます。

難行道とは、般若思想にもとづく行道で、具体的には、不得我・不得衆生・不分別説法・不得菩提・不似相見仏の五功徳法を行ずることをいい、その行業の修習はまことに至難な道でした。

それに対して、易行道とは信方便易行《しんほうべんいぎょう》といって、水路を船で進むように、誰もが容易に修めることのできる、きわめて容易な行道であるといいます。

ところで、その信方便易行の具体的な内実については、諸仏などの本願にもとづく聞名不退の道であるといって、上に見た〈無量寿経〉などにおける聞名不退の教説を明かします。ここで龍樹が聞名不退の道について注目するのは、その仏の名号をめぐって明確な自己領解があったことが知られます。すなわち、上に見たように、インドの論書の『大智度論』によりますと、究極的な「さとり」、真如実相なる法性身は、生死迷妄の世界の者には見ることができないので、その法性身は、つねに方便して種々なる仏身、種々なる名号をもって私たちに向って到来し、示現しているといいます。そこで龍樹は、それをうけて、『十住毘婆沙論』の「念仏三昧品」に、

　是の人いまだ天眼《てんげん》をえざる故に、他方世界の仏を念ずるも則ち諸山の障礙あり。是の故に新発意《しんぽっち》の菩薩は、十号の妙相を以って仏を念ずべし。新発意の菩薩は、十号の妙相を以って念仏すれば、毀失無きこと猶《なお》し鏡中の像の如し。十号の妙相とは、いわゆ

る如来、応供《おうぐ》、正遍知、明行足《みょうぎょうそく》、善逝《ぜんぜい》、世間解《せけんげ》、無上士、調御丈夫《じょうごじょうぶ》、天人師、仏世尊なり。（大正二六、八六頁）

と明かして、いまなお天眼を得ることができなくて、もろもろの障碍がある者は、その法性身の世間的顕現としての名号をたよりとして念仏するならば、まさしく鏡中の自像を見るように、毀失なくして明瞭に仏を見ることができるというわけです。

すなわち、名号こそが、仏のこの世俗世界に対する到来のもっとも具体的な相であって、人はいかに多くの煩悩、障碍をもっていても、この名号をたよりとし、それを方便とするならば、やがて色身を念じ法身を念じて、ついには仏の「さとり」を体解することができるというのです。いまここで説く易行道としての信方便易行とは、まさしくそういう名号にもとづくところの易しい行道をいうわけです。

2　三業奉行の道

信方便易行

信方便易行とは、結論的には、信を方便とする易行と訓《よ》んで、具体的には、諸仏の本願を信じることにもとづく聞名の道を意味するものと思われます。そしてその易行の内実としては、『十住毘婆沙論』の「易行品」を精査しますと、称名によって不退に至るという表現と、憶念および礼拝によって不退に至るという教示が見られ、易行の具体的な内容としては、礼拝・称名・憶念の身口意にわたる三業の奉行が語られていることが知られます。すなわち、ここでいう信方便易行とは、聞名不退を教説する諸仏の本願に対する無疑決定なる心的態度、そういう能入信にもとづく、礼拝・称名・憶念の、身口意にわたる行業を修めることを意味します。そしてそのような三業を修めるならば、確かに聞名、仏の名号、仏の声、仏の私に対する呼びかけの声を聞くという宗教体験を得て、初地、不退転地に至ることができるというのです。

かくして、これならば誰にでも修習可能な行業であって、まさしく易行といいうるわけでしょう。龍樹が水路の乗船のような易行道という意味が、よく領解できるところです。

ところで、龍樹は何を根拠として、そのような三業の奉行を主張したのでしょうか。〈無量寿経〉その他の経典は、同じように聞名によって不退位に至ることができると説くものがありますが、その聞名の具体的な内実についてはほとんど語りません。いま龍樹は、在家者の菩薩道として、このような三業奉行の道を、まったく新しく開顕し主張したわけです。このことは、新しく大乗経典において説かれることとなった聞名思想をめぐる具体的な教説として、後世の浄土教に、多大な影響をもたらすこととなりました。

龍樹のこのような新しい三業奉行の教示については、何を根拠としたものか詳細は不明ですが、その当時すでに仏像が制作されていたわけで、〈後期無量寿経〉の『無量寿経』によりますと、「起立塔像」（真聖全一、二五頁）が浄土往生の善根として説かれていますので、その礼拝と憶念とは、仏道修習における必然の行業としてすでに語られていたものと思われます。問題はその称名の主張ですが、仏像に向って日々礼拝するならば、その必然として、何らかの言葉が発せられることとなり、阿弥陀仏の名を称するということは、また自然の道理でもありましょう。なお今日までの研究では、もともと〈無量寿経〉には、称名思想は存在しなかったといわれているところです。ただし龍樹は、「易行品」では、ここでいう称名の思想は『宝月童子所問経《ほうがつどうじしょもんきょう》』によったといっています。現存の『大乗宝月童子問法経』には称名思想は見られませんが、龍樹がそういっている以上、その原典にはあったということでしょう。

象徴表現と象徴行為

宗教というものは、この世俗を超えたところの出世的、究極的な真実が、つねにこの世俗の世界に向って到来し、示現しつつあることを語り、またそれに対して、私たち一人ひとりが、この世俗の世界を超えて、そういう出世的、究極的な真実に向って接近し、それを体験することを教えるものであります。そしてそういう究極的な真実の到来、示現について、それを言語や形相などをもって類比的に表現し指示することを、象徴表現、象徴荘厳といいます。そしてまた私たちが、そういう究極的な真実に出遇い、それを体験するためには、それを志向する非日常的、出世的、宗教的な行為を、日々の生活の中において生活習慣行として継続的に相続し実践していくことが必須であります。そのような宗教的行為を象徴行為、象徴儀礼というわけです。たとえば、仏壇に灯明を点じ、線香を薫じて、読経し礼拝し念仏することを象徴行為といいます。かくして私たちは、そのような行動の相続を通して、私たちの心性、霊性を育てながら、その象徴表現が指示している究極的な真実、その実在に近づき、それを体験するわけです。

　いまの龍樹における三業奉行とは、そういう象徴行為、象徴儀礼を新しく設定、主張したということであって、今日の真宗における象徴行為としての行道、その宗教的儀礼は、基本的には、龍樹によって、このようにして創設されたわけであります。

3　信心清浄の道

　龍樹は、在家者の菩薩道としての信方便易行の道を明かすについて、「易行品」に、

> 若し人、善根を種《う》えて疑えば即ち華開けず、信心清浄なる者は、華開けて則ち仏を見る。（大正二六、四二頁）

と語っています。このように三業を実践していくならば、まことの聞名体験、仏の声を聞くという事態が成立し、それに即して信心が清浄となって開華見仏することができるというわけです。ここでいう信心清浄とは、原語はたぶん「チッタ　プラサーダ」であったと考えられますが、とすれば、その信心とは、能度信としての『無量寿経』第十八願文の「信楽」、その成就文の「信心歓喜」に相当するわけでしょう。そしてこの「チッタ　プラサーダ」とは、もともと三昧の境地に重なるものであって、『十住毘婆沙論』の「浄地品」によれば、「諸の煩悩の垢濁を離れる」（大正二六、二六頁）ことであり、それは初地（大乗菩薩道の第四十一位）において得るところの相貌であるといいます。龍樹が、信方便易行を語るについて、それにおいて不退転地、必定、正定聚の位に入ることができると明かすゆえんです。

かくして、この信方便易行なる行道の、礼拝・称名・憶念の三業奉行なる象徴行為を生活習慣行として、その人生の日々に相続し、それを徹底していくならば、やがては煩悩の垢濁を離れて信心清浄となり、ついには見仏体験を得て、初地を証することができるというわけです。すなわち、龍樹の浄土教における信方便易行とは、阿弥陀仏等の本願にもとづき、その名号に依止して、身口意なる礼拝・称名・憶念の三業を日々不断に実践奉行することにより、次第に信心清浄の境地に至ることをめざす、大乗在家菩薩の行道であったといいうるわけです。

親鸞が、この龍樹の教化を讃えて、『高僧和讃』龍樹章に、

不退のくらいすみやかに　えんとおもはんひとはみな　恭敬の心に執持して　弥陀の名号称すべし（真聖全二、五〇二頁）

と明かすのは、真宗における行道が、ひとえにこのような礼拝・称名・憶念の三業奉行の道であることを、充分に領解、承知していたことをよく物語るものでしょう。

四　親鸞における真宗行道の開顕

1　『教行証文類』の教説

『無量寿経集註』

親鸞には、『観無量寿経集註』と『阿弥陀経集註』と題される作品があり、それは法然門下時代に書かれたものであろうといわれています。このことからすると、当然に『無量寿経集註』というものも作成されたことであろうと考えられますが、それは今日には伝わってはおりません。親鸞は法然門下時代、そのころやかましかった一念多念の論争が続

く中にあって、〈無量寿経〉について、いろいろと研鑽したことであろうと思われます。とするならば、親鸞は、当然に〈初期無量寿経〉の『大阿弥陀経』と『平等覚経』、および〈後期無量寿経〉の『無量寿経』と『如来会』を比較検討して、『大阿弥陀経』の第四願文、第五願文の聞名往生の文、『平等覚経』の第十七願文、第十九願文の聞名往生の文などについては、充分に注目したところであろうと思われます。

そしてすでに上において指摘したように、『無量寿経』と『如来会』の願文に、聞名不退、聞名往生、聞名得益の文が、十三願もあることにも注目したことでしょう。事実親鸞は、その聞名往生を明かした『大阿弥陀経』の第四願文と『平等覚経』の第十七願文と第十九願文を「行文類」の冒頭に引用しています。また聞名往生を明かした『無量寿経』の第十八願文と『如来会』の第十八願文とその成就文その他の文は、「信文類」の冒頭に引用しているところです。いずれも聞名往生について明かした文です。

「第一章　親鸞はなぜ山を下りたのか」において種々考察したように、親鸞はすでに比叡山時代に、このような聞名不退、聞名往生の思想にふれていたと思われますので、この吉水時代においても、このような聞名不退、聞名往生、聞名得益の思想をめぐって、それなりの領解を抱いていたであろうと考えられます。もしもその『無量寿経集註』といわれるものが存在していたならば、それをめぐる何らかのヒントが発見できるかもしれません。

2　「行文類」における領解

標挙の文

そこで親鸞は、〈無量寿経〉における聞名思想を中核として、『教行証文類』の「行文類」において、真宗の行道を明確に規定しています。すなわち、冒頭の標挙《ひょうこ》の文においては、

諸仏称名の願　浄土真実の行
　　　　　　　選択本願の行

と明かしますが、諸仏称名の願とは、『無量寿経』の第十七願文のことで、そこでは、阿弥陀仏が、十方世界の諸仏をして、つねにその名号を称揚流布せしめて、人々に伝達するようにと願っていることを明かします。

親鸞は、『親鸞聖人御消息集』において、

諸仏称名の願とまふし、諸仏咨嗟《ししゃ》の願とまふしさふらふなるは、十方衆生をすすめんためときこえたり。（真聖全二、七一一頁）

と語っているところです。しかしながら、親鸞はまた、『浄土三経往生文類』（広本）には、

この如来の往相廻向につきて真実の行業あり。すなわち諸仏称名の悲願にあらわれた

り。（真聖全二、五五一頁）

と明かすように、この第十七願とは、私たちが行ずべき往生成仏のための真実の行業としての、私の称名念仏行について選びとったものだとも領解しております。

かくして、この第十七願文には、諸仏が私に向って浄土往生のための称名念仏を勧めるという、いわゆる「教位」に属する側面と、いまひとつ、私自身の往生成仏のための行業としての、私の称名念仏行について選びとって明かすという、いわゆる「行位」に属する側面が誓われているといいうるわけです。そして親鸞は、この「行文類」において、第十七願名を連記するについて、「諸仏称揚の願」「諸仏称名の願」「諸仏咨嗟の願」と明かしますが、それはいずれも諸仏の称名として、「教位」の称名を意味します。しかし親鸞は、それについて「往相廻向の願」「選択称名の願」といい、また「往相正業の願」（『浄土文類聚鈔』）とも明かします。その三種の願名は、いずれも私における「行位」の称名を意味します。かくしてこの願名の呼称からすれば、親鸞は、第十七願文における諸仏の称名とは、そのまま私たちの称名念仏行であるとも領解していたことが知られます。

そして親鸞は、真宗における行道、その行業については、明確に、

大行《だいぎょう》とは、則ち無碍光《むげこう》如来の名《みな》を称するなり。この行は、即ちこれもろもろの善法を摂し、もろもろの徳本を具せり、極速円満《ごくそくえんまん》す、真如一実《しんにょいちじつ》の功徳宝海なり。故に大行と

名づく。（真聖全二、五頁）

と語って、真宗における行とは称名念仏行であることを規定いたします。とすると、その「教位」の称名と「行位」の称名の両者は、いかなる関係をもつものでしょうか。

教位の称名と行位の称名

そのことをめぐる親鸞の領解はまことに明快です。親鸞は、「行文類」と「真仏土文類」に『大阿弥陀経』の文を引用するについて、いずれにおいてもその経名を、

仏説諸仏阿弥陀三耶（耶）三仏薩楼仏檀過度人道経（真聖全二、六頁、一二二頁）

と表記しておりますが、その正式な経名は『仏説阿弥陀三耶三仏薩楼仏檀過度人道経』であって、そこには「諸仏」の語はありません。この二字は、私の推定では親鸞自身の加筆によるものであろうと思われます。また親鸞は、そのことにかかわって、『浄土和讃』に諸仏の語に左訓して、

弥陀を諸仏とまうす。過度人道のこころなり。（親鸞全集、和讃篇三八頁）

と明かしております。この文によると、親鸞においては、阿弥陀仏を諸仏の中の一仏と見る立場があったことがうかがわれます。かくして親鸞は、阿弥陀仏と諸仏、諸仏と阿弥陀仏とは即一すると理解していたことが明らかであります。また『大阿弥陀経』によります

と、すでに上において見たように、その聞名とは、「阿弥陀仏の声を聞く」ということであり、親鸞はその「声」の字に「ミナ」と振り仮名を付していますが、そのことからすると、上に見た『大阿弥陀経』の経名が意味するように、第十七願文において説かれている十方世界の諸仏とは、そのまま阿弥陀仏にほかならず、その諸仏の称名とは、阿弥陀仏の称名、阿弥陀仏自身の私に対する告名、名のり、呼びかけの「声《ミナ》」にほかならないということです。その点ここでは、真宗の行道における称名とは、ひとえに「教位」の称名であることが明瞭ですが、そのことはまた、上に見たように、その標挙の文において、「諸仏称名の願　浄土真実の行・選択本願の行」と記していることに対応するわけで、諸仏の称名、教位の称名は、そのまま「浄土真実の行・選択本願の行」としての私の称名、「行位」の称名にほかならないというわけです。

つまり、この私が阿弥陀仏の名号を称するということは、十方世界の諸仏が、いま現に私に向って称名していてくださる、その諸仏の壮大なる称名念仏のコーラスの中に私もまた参加して、いっしょに称名念仏をさせていただいているということです。そしてそのような称名とは、すでに上に見たように諸仏とは阿弥陀仏にほかならないということからすれば、いま現に私が申している称名とは、そのまま阿弥陀仏の称名であって、阿弥陀仏が私に向って自己を告名される、自らを名のられる、「阿弥陀仏の声《ミナ》」にほかならないということでもあります。

かくしてその称名とは、私から仏に向う称名、「行位」の称名でありつつ、それはまたそのまま、阿弥陀仏から私に向う仏の告名、名のり、呼び声であって、私にとっては、まさしく聞かれるべき「教位」の称名にほかなりません。

すなわち、その日々において私が申す称名念仏とは、私の浄土往生の行業としての「行位」の称名でありつつも、それはそっくりそのまま、阿弥陀仏の称名、「教位」の称名でもあって、真宗におけるまことの称名においては、「行位」と「教位」は即一し、私にとってはまさしく聞かれるべきものであり、その称名とは聞名に即一すべきものとなります。〈無量寿経〉における聞名往生、聞名不退、聞名得益という教説の意味が、まさしくここにあるわけです。

「行文類」における経文の引用

親鸞は、その「行文類」において、上に述べたように第十七願名を列挙したあと、経典の文を一三文引用しますが、その中の六文は、諸仏（阿弥陀仏）の称名について説いたものであり、またその他の六文は、私における聞名について説いたものです。すなわち、諸仏（阿弥陀仏）の称名について明かした文は、次のとおりです。

『無量寿経』の第十七願文
『無量寿経』の「重誓偈」の文
『無量寿経』の第十七願成就文
『無量寿経』の「往覲偈《おうごんげ》」の偈前の文
『如来会』の「重誓偈」の文
『如来会』の三輩往生相当の結文

第一文は『無量寿経』の第十七願文で、その文の意味は、阿弥陀仏が、あらゆる世界の諸仏たちをして阿弥陀仏の名号を称讃させ、その名号をすべての人々に教え伝えたいと願っているということです。第二文は『無量寿経』の「重誓偈」の文で、阿弥陀仏は、つねに名声・名号として、称名となって私たちのところに届いている、ということを意味します。第三文は『無量寿経』の第十七願成就文で、上の第十七願が成就して、いま現に無量の諸仏が阿弥陀仏の名号を称揚し、私たちに向って教説している、ということを明かします。

そしてまた、第四文は『無量寿経』の「往覲偈」の偈前の文で、釈尊が、阿弥陀仏について讃歎しつつ、多くの諸仏もまた讃歎していることを語ったものです。第五文は『如来会』の「重誓偈」の文で、この文もまた上の『無量寿経』の「重誓偈」の文と同じように、阿弥陀仏は名号・称名として、私たちに向って働きかけている、ということを明かしたものです。第六文は『如来会』の三輩往生相当の結びの文で、十方世界の諸仏が阿弥陀仏の功徳を讃歎し、その名号・称名の声を、私たちに向って伝えているということを説いたものです。これらはいずれも、諸仏が阿弥陀仏の名号を讃歎し、称名し、それを十方世界に響流していることを明かしたものです。

そして、次にその諸仏（阿弥陀仏）の称名を聞くべきこと、聞名すべきことを説いたものが次の六文です。

『無量寿経』の「往覲偈」の文
『大阿弥陀経』の第四願文
『平等覚経』の第十七願文
『平等覚経』の第十九願文
『平等覚経』の「往覲偈」の文
『悲華経』の無諍念王《むじようねんおう》菩薩の願文

第一文は『無量寿経』の「往覲偈」の文で、その意味は、阿弥陀仏の本願によるならば、その名号を聞いて往生したいと願うならば、誰でも往生して、正定聚、不退転地に至ることができると明かしたものです。第二文は『大阿弥陀経』の第四願文であり、第三文は

『平等覚経』の第十七願文ですが、この両願は、すでに上においても述べたように、〈後期無量寿経〉の『無量寿経』と『如来会』の第十七願文に相当するもので、阿弥陀仏がここでは、十方の諸仏をして阿弥陀仏の名号を十方世界に響流せしめ、その名号を聞いて歓喜する者はすべて浄土に往生せしめたいと願っていることを明かしたものです。

第四文は『平等覚経』の第十九願文で、〈後期無量寿経〉の『無量寿経』『如来会』の第十八願文に相当するもので、まさしく聞名往生を誓ったものであります。第五文は『平等覚経』の「往覲偈」の文で、ここでは断片的に六文が引用されており、第一文は聞名の利益、第二文は聞法の利益、第三文は往生の利益、第四文は聞法の希有性、第五文は聞法の甚難性、第六文は聞法の利益について明かした文です。

第六文は『悲華経』の文ですが、この経典は、無諍念王《むじようねんおう》という菩薩が誓願をおこして、ついに阿弥陀仏という仏になったということを説いた〈無量寿経〉に重層する経典で、〈無量寿経〉以後に成立したものと考えられます。そしてここに引用される文は、『無量寿経』『如来会』の第十八願文に相当するもので、聞名往生について語っているところです。

そして以上の諸仏の称名を明かす六文、私における聞名を勧める六文のほか、あとの一文は、親鸞は『平等覚経』の阿闍世《あじやせ》王太子《おうたいし》の帰仏得益の文を引用します。この文は、上に見たところの称名、聞名には直接的には関係ありませんが、父王を殺害して王位を奪うという大逆罪を犯した阿闍世王が帰仏聞法したこともまた、この阿弥陀仏の名号を称名し聞名して、ついに得益したというように、親鸞が領解したことにより、ここにこのように引用したものと思われます。なおこの文は、あとに見るように、「信文類」の終りに『大般涅槃経』に説く阿闍世王の聞法、得益の文を長々と引用して、真宗における廻《え》心《しん》体験の成立構造を明かすことに対応するものとうかがえます。

かくして親鸞は、ここに経文の十二文を引用するわけですが、阿闍世王太子の帰仏得益の文を別とすれば、その中の六文は諸仏（阿弥陀仏）の称名について明かしたもの、またあとの六文は私における聞名往生について明かしたものであって、「行文類」の冒頭における、このような経文の引用の意図からすれば、真宗における大行、行道とは、私が行ずべき称名念仏行（行位）でありながら、その称名は、そのまま諸仏（阿弥陀仏）の称名であり、「阿弥陀仏の声《ミナ》」（教位）でもあって、それはひとえに聞かれるべきものであることが明瞭であります。

そして親鸞は、以上の経文を引用したあとに、自己の領解を開陳して、

しかれば名《みな》を称するに、よく衆生の一切の無明《むみょう》を破し、よく衆生の一切の志願を満てたまふ。称名は則ちこれ最勝真妙の正業なり。正業則ちこれ念仏なり、念仏は則ちこれ南無阿弥陀仏なり、南無阿弥陀仏は則ちこれ正念なりと。知るべしと。（真聖全二、

八頁）

と説いております。すなわち、親鸞はここで、称名念仏こそが、私たちの一切の無明を破り一切の志願を満たす行業であると主張したあと、その念仏とは、ついには「正念」であるというわけですが、親鸞の用例からすると正念とは信心を意味することがありますから、ここではその称名が、ついには信心に帰結して捉えられているわけで、このことは充分に注目すべきところです。

3　「信文類」における領解

信の一念の意味

親鸞は、そのような「行文類」の主張をうけて、次の「信文類」において、真宗における真実の信心体験の内実をめぐって本願の三信心を中心に詳しく解説したのち、そのような私における信心体験とは、ひとえに聞名においてこそ成立するものであることを主張します。

すなわち、親鸞は、本願の三信心について明かしたのち、そのような信心体験がいかにして成立してくるかについて、信の一念をめぐっていろいろと明かすわけですが、そこではまず、それ真実信楽を按ずるに、信楽に一念あり、一念とは、これ信楽開発の時剋《じこく》の極促を顕わし、広大難思の慶心を彰わすなり。（真聖全二、七一頁）

と語ります。ここでは真宗における真実信心とは一念のことであると規定し、その一念の信心について、前半の文では、信心の開発、成立をめぐる時間の問題を、後半の文では、信心の相続をめぐる問題を明示します。

聞名をめぐる経文の引用

親鸞における信心の開発と相続をめぐる問題については、ここでの主題からはいささかズレますので、すべて省略しますが、注意すべきことは、上の信の一念をめぐる解釈の文に続いて経典の五文を引用し、真宗の行道においては、聞名がまさしく成立するところ、それがまことの信心体験であることを明示しているということです。すなわち、次の五文がそれです。

『無量寿経』の第十八願成就文
『如来会』の第十八願成就文
『無量寿経』の「往覲偈」の文
『如来会』の「往覲偈」の文

『大般涅槃経』の聞不具足の文

第一文は『無量寿経』の第十八願成就文で、すべての人々は、阿弥陀仏の名号を聞いて信心歓喜し一念するならば、それによって、ひとしく阿弥陀仏の生命を賜ることができ、浄土に往生したいと願うならば、この現生ただいまの人生において往生を得ることができ、やがて仏の「さとり」をひらく身に育てられるということです。

第二文の『如来会』の第十八願成就文も、前文とまったく同じ意趣を明かす経文です。この『無量寿経』と『如来会』の第十八願成就文は、「信文類」の冒頭では、ともにその全文を引用していますが、ここでは、その「聞名」の部分と、「信心歓喜乃至一念」「一念浄信歓喜」なる信心の部分のみを引用しています。ここでは、真宗における真実信心とは、ひとえに聞名によってこそ開発、成立するということを明示しようとしたからでしょう。

第三文の『無量寿経』の「往観偈」の文は、その阿弥陀仏の本願にもとづくがゆえに、聞名すれば浄土に往生できるということを明かしたものです。また第四文の『如来会』の「往観偈」の文も、上の文と同じ意趣です。ここではともに、聞名すれば浄土に往生することができるというわけですが、いずれも上に見た第十八願成就文に重層する文にほかならず、聞名して信心、浄信をひらくならば浄土に往生することができるということを意味するわけで、これらの二文もまた、聞名にもとづく信心の開発、そしてそれによる浄土往生を明かした文にほかなりません。

注意すべきことは、ここでいう「聞」とは、いずれも「聞名」の聞であって、「聞法」の聞ではありません。私から仏に向う私の称名（行位）を、仏から私に向う阿弥陀仏の声《ミナ》（教位）として聞けよということです。そしてこの聞名においてこそよく信心が開発してくるのです。しかしながら伝統教学においては、この「聞名」と「聞法」の区別がまったく不分明です。だからいままでの伝統教学では、その聞名の行道については、まったく留意することなく、たんなる聞法と捉えて、明確に聞名の道を教示する者はいませんでした。

第五文の『大般涅槃経』の聞不具足の文は、原典では四種の聞不具足を挙げますが、いまここでは、その中の三種の聞不具足の文を引用します。その文の意味は、まず釈迦如来が教法を説かれるについては、十二種類にわたる叙述の形式をもって広範な問題について語られていますが、その中の半分だけを聞いて、あとの半分を学ばないとすれば、そのような自我、自解に偏向した仏法の聞き方は、すべて不具足、不完全な聞法といわねばなりません。またたとえ、その半分についてよく聞いたとしても、自分において充分に理解できないままに他人に向って解説するようなことでは、何の利益にもなりません。そのような主体的な領解の欠落した仏法の聞き方は、すべて不具足、不完全な聞法といわねばなりません。そしてその半分をよく聞いたとしても、そのことを他人との議論のために、また他の人々に対して勝れるために、あるいはそれにおいて何らかの利益を求めるために、そのほかさまざまな自己目的のために、読誦し、解説し、講義するならば、そのような世俗的な手段を満足させるための仏法の聞き方は、すべて不具足、不完全な聞法といわねばならないということです。

以上が『大般涅槃経』の引文の意味ですが、これもまた、上に明かした聞名にかかわって、正しい仏法の聴聞のありようについて教示したものでしょう。

聞名の構造をめぐる教説

親鸞は、次いでそれらの引文の教示に従って、聞名ということの具体的な内実、そのままことの聞名という事態が、いかにして成立するものか、その構造について明かします。すなわち、

しかるに経に聞というは、衆生、仏願の生起本末《しょうきほんまつ》を聞いて疑心あることなし、これを聞というなり。（真聖全二、七二頁）

と語ります。ここで「経に聞というは」とは、『無量寿経』の第十八願成就文において「聞其名号信心歓喜」の「その名号を聞く」という文をうけたもので、ここでいう「聞」とは聞名のことで、たんなる聞法ということではありません。この点については充分に注

意すべきです。

そしてその文の意味は、称名念仏において、それを聞名するということは、あらゆる人々が、その称名念仏において、阿弥陀仏の本願が発起された理由（生起）と、その本願にもとづいて成立した大慈大悲が、いま私に向って働きかけつつあることのすべて（本末）を聞いて、まったくの疑心、疑蓋《ぎがい》の心がなくなっていくことを、まことの聞名というと明かしたものです。

すなわち、はじめの「衆生、仏願の生起本末を聞いて」というところの聞名とは、いまだまことの聞名ではなくて、それは過程位、プロセスの聞名です。その未究竟位の聞名が、次第に徹底、深化されることによって、「疑心あることなし」という確かな事実としての聞名、信心となること、すなわち、「これを聞という」といわれる聞名になってこそ、初めてまことの聞名、究竟位の聞名となるわけです。

そこでそのはじめの聞名とあとの聞名の関係については、未究竟位の聞名と究竟位の聞名、過程位の聞名と真実位の聞名の関係です。すなわち、もっぱら私から仏への一方向のみに終始して、その逆転としての仏から私への方向をもたない称名念仏から、その称名念仏が、次第に深化し、成熟して、仏から私への称名念仏として思いあたってくることとなり、やがてそのことが決定的な宗教的体験として、私が称える称名が、そのまま阿弥陀仏の称名、仏の私に対する呼び声として確かに聞えてくる、そのように体感され、味識されてくるということです。そしてここにこそ、真実の聞名体験が成立してくることとなるわけです。

そしてそのような真実の聞名とは、ここで「仏願の生起本末を聞く」と明かされる問題です。仏願の生起本末とは、阿弥陀仏の本願についての生起と本末のことで、「仏願の生起」とは、阿弥陀仏が何ゆえに私たちを救済するための誓願を発起したかという理由、その本願の発動の契機、原因のことです。それは、ひとえにこの私自身が煩悩深重にして、日々さまざまな悪業を犯しつつ地獄一定の道を生きていて、この現実の世界が、虚仮不実にして人々の苦悩はいよいよ深刻となり、世界の動乱も重畳してやむことがないからです。このような現実における私と世界を救済し浄化するためにこそ、阿弥陀仏はその本願を発起したわけで、ここにこそ、その「仏願の生起」の理由があるわけです。

また、「仏願の本末」とは、いま現に、この私とこの現実の世界のために、つねに到来し働きかけつつある阿弥陀仏の本願の因と果、本と末、その無倦なる大慈大悲摂化の働きかけの終始を意味します。そしてそれはより身近く私自身に即していうならば、阿弥陀仏はこの私の生命までに来たり宿って、その日々に私の口を通して、南無阿弥陀仏と呼びかけつづけているところ、私はいま現に、確かなる往生一定の道を生かされて生きつつあるということで、ここにこそ、その「仏願の本末」というものがあるわけです。

かくして、「仏願の生起本末を聞く」とは、この現実の私と世界のありのままなる実相について聞き、また現にこの私とこの世界に向って働きかけつつある阿弥陀仏の大慈大悲摂化のすべてを聞くこと、さらに帰結していうならば、それはその日々における称名念仏を通して、この私が、地獄一定の存在であることに「めざめ」るとともに、またこの私が、往生一定の存在であることに「めざめ」ていくことでもあります。

無有疑心ということ

そしてまた、そのことについて「疑心あることなし」といいます。親鸞における疑とは、仏教における基本的用語としての「疑蓋《ぎがい》」を意味します。この疑蓋とは、親鸞が「信文類」において本願の三信心を註解するにあたり、くり返して用いている用語であって、愚痴、無明の心をもって仏法を学ぶことから、道理が分からないままに仏道に惑うことをいい、ここでいう疑心とは、世間でいうところの疑心とは明らかに相違するものです。

したがって、「疑心あることなし」とは、そのような疑蓋なる愚痴、無明の心の一部が破られて、新しく明知、智慧の一部が開かれてくるということを意味します。すなわち、「信心の智慧」（『正像末和讃』真聖全二、五二〇頁）といわれ、また「智慧の信心」（『唯信鈔文意』真聖全二、六二四頁）と明かされ、さらには「信ずる心のいでくるは智慧のおこると知るべし」（『正像末和讃』左訓、親鸞全集、和讃篇一四五頁）と示される、究極的な出世体験としての「めざめ」体験、信心体験が開発してくることを意味します。そしてそのことはまた、この信心を得るならば正定聚、不退転位に住するといわれますが、それは大乗菩薩道における第四十一位なる初地の「さとり」を、いまこの現身に得るということでもあって、信心において、愚痴を離れて智慧を得るといわれることに、そのまま重なるところであります。

かくしてそのことは、上の文脈でいうならば、「仏願の生起本末」としての、この現実の罪業深重なる私の実相と虚仮不実なるこの世界の実相について、厳しく知見し、それに「めざめ」ていくことであり、またそれに即して、そういう私と世界のために、いまここに無倦に到来し働きかけつつある阿弥陀仏の大慈大悲について深く信知し、それに「めざめ」ていくことを意味するわけです。

聞名はすなわち信心

この文の結びの「これを聞といふなり」という言葉は、このような「めざめ」体験、すなわち、真実の信心体験としての如実なる「聞名」をいうわけで、ここにおいてこそ、究竟位なる真実の聞名となるわけです。かくして私における称名念仏がまことの聞名となるということは、その称名念仏において、このような「めざめ」体験としての真実信心が開発、成立してくることをいうわけです。

親鸞は、そのことをめぐって、

聞といふは如来のちかひの御《み》なを信ずとまふすなり。（『尊号真像銘文』真聖全二、五七八頁）

きくといふは、本願をききてうたがふこころなきを聞といふなり。またきくといふは、信心をあらわす御《み》のりなり。（『一念多念文意』真聖全二、六〇四〜五頁）

聞はきくといふ、信心をあらわす御《み》のりなり。（『唯信鈔文意』真聖全二、六四四頁）

と明かすところです。ここでいう「聞」「きく」とは、いずれも聞名について解説したものので、たんなる聞法のことではありません。

いままでの伝統教学者は、この「聞名」と「聞法」の区別が分からないままに、これらの文をすべて聞法を表わすものと解釈してきましたが、まことに不徹底にして稚拙な誤解です。これではまことの真実信心の意義が分かるはずはありません。充分に心をひそめて読んでください。すなわち、私の日々の称名念仏行にもとづく、確かなる聞名体験、私の称名が、そのまま阿弥陀仏の呼び声として思いあたり、そのように味識、体解できるという体験を真実信心というわけです。

浅原才市同行は、その日々において、もっぱら称名念仏しつつ生きていったといいますが、彼の残した歌に、

如来さんはどこにおる。如来さんはここにおる。才市が心にみちみちて、南無阿弥陀仏をもうしておるよ。

才市よい、へ。いま念仏したは誰か。へ。才市であります。そうではあるまへ、弥陀の直説《じきせつ》、機法一体であります。

南無阿弥陀仏。親の呼び声、子の返事。南無阿弥陀仏。南無阿弥陀仏。

というものがあります。ここには上に明かしたところの真宗の仏道が、ひとえに称名即聞名、聞名即信心であることを、まことに見事に明示しております。よくもここまで、真宗念仏の本義を確かに領解したものです。

4　真宗における行道の確立

以上見てきたように、真宗における行道とは、〈無量寿経〉の教説によるならば、きわめて明快に、聞名不退、聞名往生、聞名得益の道として明示されているところです。そのような聞名不退、聞名往生、聞名得益の道は、この〈無量寿経〉以外の多くの大乗経典に

も説かれるところです。そしてインドの浄土教においては、龍樹によってその聞名不退の教説が注目されることとなり、在家者の菩薩道として取りあげられ、種々に領解、教示されることとなりました。その詳細はすでに上において解説したところです。

ことにこの〈無量寿経〉等の経文においては、聞名の成立をめぐる具体的な方法が明確に説明されていないところ、龍樹はその聞名体験の成立について、身業による礼拝、口業による称名、意業による憶念の三業の奉行、その日々における象徴行為の実践を語り、それがそれぞれの人生における生活習慣の行業として徹底していくならば、その行業において、ついには心が清浄となって信心が開発し、見仏体験を得て初地、不退転地（菩薩道の第四十一位）に至ることができると主張しました。ここにおいて、真宗における往生成仏をめざす仏道の基本的な綱格が確立されたわけです。

そしてそのような真宗の行道は、そののちインドの浄土教、中国の浄土教、日本の浄土教として、さまざまな曲折をともないながら、継承、伝統されて、法然においては専修念仏の道として理解されました。しかしながら、法然の門下における念仏理解をめぐって、仏名・名号そのものに絶対的な価値、威力を見てそれを称唱することを軽視する一念義と、称名そのものに価値を見て称唱を重視する多念義とに分裂していきました。

そこで親鸞は、法然の専修念仏の道を学びつつも、上に見たような〈無量寿経〉の原意について深く研尋し、また龍樹の浄土教に導かれながら、浄土教おけるまことの行道とは、ひとえに称名の道であるとともに、それはまた聞名の道であることに注目し、さらには、その聞名がまことの聞名となることは、そのまま信心体験を意味することを開顕しました。

かくして、親鸞において教説された真宗の行道とは、ひとえに称名しつつ、その称名が、私から仏に向う私の称名であるまま、それがそっくりそのまま仏から私に向う仏の称名として聞かれるべきものである、ということを語り、さらにはまた、そのような私が称える称名が、仏の私に対する呼び声、「阿弥陀仏の声《ミナ》」として思いあたり、そのように体解されること、それこそが真実なる信心体験であることを明示しました。かくして真宗における仏道、行道とは、まさしく称名・聞名・信心の道であるというべきです。

その点、同じ浄土教でありながらも、法然の浄土教と、それを継承する浄土宗および西山浄土宗の行道では、このような聞名についてはまったく語りません。しかしながら、親鸞における浄土教、その浄土真宗の行道においては、この聞名ということがきわめて重要な意義をもつものであって、浄土宗と浄土真宗の仏道における重大な相違が、ひとえにこの聞名思想にあることは充分に認識されるべきです。

5　伝統教学における誤解

ところで、今日における東西本願寺の伝統教学の基礎をつくった覚如、存覚、蓮如たちは、上に見たような大乗仏教における仏身論および浄土教における仏身論において、姿形として象徴された仏身と言語をもって象徴された仏名とがあって、それによってその行道に見仏の道と聞名の道があるということ、そして〈後期無量寿経〉においては、ひとえに聞名の道が教説されることとなり、真宗における本願の行道とは、ひとえに聞名の道であることについては、何ら学習することもなく、まったく無知、不明でありました。したがって、真宗の行道を語るについては、覚如・蓮如は、西山浄土宗の教義を借用し、また自己流に解釈して、阿弥陀仏をまったく二元的、外在的、民俗宗教的に捉えて、真実信心とは、名体不二、願行具足なる実体的な威力を宿している名号に帰属し、あるいはそのような仏の大悲を「たのむ」ことであるといい、また存覚は、もっぱら称名念仏すべきであって、それによって必然に信心が具備されると主張しました。そこでは、その称名がどうして信心になるのか、具体的な内実については何も語りません。いずれについても、まことに浅薄きわまる真宗教義の誤解というほかはありません。

かくして今日までの東西本願寺の伝統教学では、その行道の解釈をめぐっては、すでに上において見てきたように、〈無量寿経〉が教説するところの聞名不退の道、聞名往生の道であるということについて、まったく理解しないところから、覚如・蓮如の名号派（所行派）と存覚の称名派（能行派）に分裂したまま、いまなおそれぞれが自己主張をくり返しています。しかしながら、そのことは大乗仏教および浄土教理の本義、さらにはそれを継承して、その真義を明確化した親鸞の意趣をまったく学ぶことなく、その原点を遠く逸脱したたんなる稚拙な誤解にすぎません。伝統教学者たちは、近世以来、今日に至るまでどうしてこのような錯誤に満ちた教義解釈に気づき修正しなかったのでしょうか。教学者たちの怠慢というほかはありません。このような解釈は、何らまことの真宗の行道ではなく、こんな虚妄な仏道を学んで、どうして確かに阿弥陀仏と出遇い、まことの信心体験が得られましょうか。まことにお粗末きわまる教義理解というほかはありません。

しかしながら、これが今日における東西本願寺の伝統教学の実態です。

その点、私たちは、親鸞が、真宗教義の原典としての〈無量寿経〉の聞名不退、聞名往生の思想を的確に継承し、またそれについて具体的に教示した龍樹の浄土教に学んで、真宗の行道とは、ひとえに聞名の道であって、それはより具体的には、称名・聞名・信心の道であると開顕したことを、正しく承認すべきであります。親鸞没してより七五〇年、かつて親鸞が明らかにした真宗の仏道が、いま初めて、ようやくにしてこのように明確化されたわけです。これから真宗のまことの仏道を歩もうと願う人々は、いままで語られてきた伝統教学の偽瞞の教説を排して、ただちに親鸞の根本意趣、まことの真宗の行道について、よくよく学習、領解すべきでありましょう。

第三章　廻心体験の成立構造

一　宗教心理学の見解

1　ジェイムス『宗教経験の諸相』の主張

宗教における廻心体験、その信仰、信心の成立をめぐって、アメリカの宗教心理学者のウィリアム・ジェイムス（William James 一八四二〜一九一〇）は、その『宗教経験の諸相』において、廻心《えしん》とは、

かつてその人の意識の外囲にあった宗教的観念が今度は中心の場所をしめ、また宗教的目標が彼の精力の習慣的中心をなすことをいう。（二六二〜三頁）

といいます。そしてそのような廻心をめぐっては、人間における人生態度について、二度生まれ型なる病める魂の持ち主と、一度生まれ型なる健やかなる心の持ち主の二種のタイ

プがあるといい、二度生まれ型とは、廻心によって、その人生における劇的な転換としての生まれかわり、改めて人生の誕生を経験するというようなタイプをいい、一度生まれ型とは、そのような決定的な経験をもたないままに、漸々に新しい宗教的世界に転入するというようなタイプのことであるといいます。そしてこのような人生態度をめぐって二種のタイプがあるところ、健やかな心をもった一度生まれ型の人は、その廻心においては漸進的廻心となり、病める魂をもった二度生まれ型の人は、その廻心においては、突発的廻心となると語っています。すなわち、ここではキリスト教における入信体験、廻心をめぐる考察でありますが、そこには人間の性格にもとづいて、漸進的廻心と突発的廻心の二種の廻心構造が見られるというわけです。

そしてこのような見解は、そのほかの宗教心理学者においても語られており、プラット(Pratt. J.B.)は、それについて急激的廻心と漸次的廻心があるといい、またスターバック(Starback.E.D.)は、受動的廻心と能動的廻心があるといっています。それらはいずれも、上に見たジェイムスの主張に重なるものでしょう。

仏教においても、その「さとり」の開覚をめぐる理解については、同じように、突発的なものと漸進的なものがあると考えられています。すなわち、中国の仏教においては、その仏道の理解について、仏道修行の階梯を認めないで、ただちに仏の「さとり」を開くことができるという頓悟説と、仏道修行の順序を進んでこそ、やがて仏の「さとり」を得ることができるという漸悟説に分かれていきました。頓悟説を初めて主張したのは道生《どうしょう》（四、五世紀ごろ）であり、漸悟説を主張したのは慧観《えかん》（四、五世紀ごろ）です。しかし、中国仏教においては、やがて頓悟説が主流となり、ことに禅宗においては頓悟説が重視されることとなりました。

2　玄智『考信録』の主張

真宗における信心の開発、廻心のタイプについても、玄智《げんち》（一七三四～一七九四）の『考信録』巻三によりますと、

人の心は、頓機漸機とて、二品に候也。頓機はききてやがて解とる心にて候。漸機はやうやう解る心にて候也。（中略）頓機は獲信の時を知べし。漸機は知べからず。頓機とは、宗祖の始めて吉水に謁したまふの日、立処に真心を決定し在すが如き是なり。その外、臨終廻心往生の機またしかり。最初聞法の時、直に獲信すれば獲信時知りぬべし。漸機とは曽て聞法し帰命し、また念仏すと雖も、或は信じ或は疑てしかと会得することもなかりしに、仏力冥に加被して、いつとなく疑尽て往生一定、貴や難有やと信をえて、歓喜念仏するの安心になる。是れ凡夫情慮の及ばざるところ、何ぞまた

何の時日獲信といふことを記すべけんや。（真全六四、八五頁）

と明かして、真宗においても、頓機と漸機の二種類の人間が存在し、その廻心、信心の開発については、突発的廻心と漸進的廻心の者がいるといいます。その頓機の人とは、聞法してたちどころに信心を決定する者をいい、この場合には、獲信の日時が明らかに知られるといいます。そして漸機の人は、聞法、念仏しながら、やがていつとはなく有難やと、歓喜念仏するようになる者をいい、その場合には、獲信の日時は不明であるといいます。このような玄智の見解は、上に見たウィリアム・ジェイムスの主張よりも一〇〇年も早い時機に語られているところであって、充分に注目されるべきことでありましょう。

かくして、真宗における信心の開発、廻心の体験をめぐっても、突発的に廻心する頓入の人と、漸進的に廻心する漸入の人とがあるといいうるようです。それについて七里《しちり》恒《ごう》順《じゅん》（一八三五～一九〇〇）は、泥棒《どろぼう》信心と風邪《かぜ》ひき信心ということを語っています。泥棒信心とは、泥棒というものは、いつ、どこで、何を盗んだかという、日時と場所が明瞭であるように、その入信体験の日時と場所がはっきりしているような信心をいい、また風邪ひき信心とは、風邪をひくということが、いつ、どこで始まったか分からないように、その入信の体験が明瞭ではないままにも、現実には、すでに信心の喜びが確かに味わわれているような信心をいうわけです。このことは真宗における頓入の者と、漸入の者について、別な視点から語ったものでしょう。

3　頓機の人と漸機の人

それについて、具体的に妙好人《みょうこうにん》といわれる人々の獲信について調査してみますと、鳥取の足利源左《あしかがげんざ》（一八四二～一九三〇）の廻心については、彼が十八歳の夏、父親と一緒に仕事をしていましたが、父親が気分が悪いといって床につき、その日の夕方に死んでいきました。その時に、父親が苦しい息の中から、「わしが死んだら、親さまをたのめよ」といったといいます。そこでそのことを縁として、彼は懸命に求道、聞法を重ねて、翌年の夏の夕方、山で刈った山草を自分が引いていった牛の背中に乗せていた時に、「ふいと」阿弥陀仏の大悲が、わが身に深く体解されて、見事に信心を開発したといいます。これはまさしく頓機の人というべきものでしょう。この話は羽栗行道著の『源左同行物語』（百華苑刊）による、源左自身の告白資料にもとづくものです。

それに対して、大阪浜寺の物種吉兵衛《ものだねきちべえ》（一八〇三～一八八〇）については、三十代後半より聞法を始め、長く懸命な求道の末に、五十五、六歳のころ、やっと仏法にめざめたといいます。また島根の浅原才市《あさはらさいち》（一八五〇～一九三二）も、十八、九歳のころより求道を始め、途中さまざまな曲折、煩悶、挫折を経て、信心を開発したのは五十歳を過ぎてのことであったといいます。これらはいずれも漸機の人というべきでしょう。

この頓機・漸機の問題については、私自身と私の友人の求道経験を通して思うことですが、それは、ひとつには仏法を学ぶ主体の問題によるもので、一般的には上に見たジェイムスがいうように、その性格が内向的な人にして、年齢が若い時には、比較的に突発的な廻心をもつことが多いように思われます。そしていまひとつは、その人を取り巻く状況にもよると考えられ、とても厳しい環境の中に置かれた場合には、多く急激的な廻心が生まれてくるように思われます。それに対して、その主体の性格が健全で明朗であるような人にして、年齢も高くなり、またその環境も普通の場合には、比較的に漸進的な廻心になるように思われます。もとより、いろいろと例外もあることでしょう。

二　阿闍世王の廻心

1　王舎城の悲劇

『大般涅槃経』の説話

親鸞は、「信文類」の終りに、『大般涅槃経』（大正一二巻）の文を引用し、真宗における廻心体験の成立をめぐる原形として、釈尊在世時代に惹起したところの、王舎城の悲劇について詳細に語ります。その内容は、阿《あ》闍世《じゃせ》（アジャータシャトル Ajātaśatru・紀元前五～四世紀）太子を中心とする物語で、彼は中インドのマガダ（Magadha）国の国王の頻婆《びんば》娑羅《しゃら》（ビンビサーラ Bimbisāra）と、その王妃の韋《い》提希《だいけ》（ヴァイデーヒー Vaidehī）の王子でしたが、父王を殺害して王位に即くという、まことに恐ろしい逆罪を犯し、その罪業の報いをめぐって種々に苦悩し、煩悶した末に、釈尊の教化によって救われたという物語です。その説話は、ここに引用される『大般涅槃経』に詳しいわけですが、その原型は阿含の『沙門果経』にあるようで、それによって成立したものと考えられます。しかもこの説話は、多くの大乗経典に説かれており、当時においては、たいへん有名な事件であったことが知られます。それについて説かれた経典の主要なものとしては、『未生冤経』一巻（大正一四巻）、『阿闍世王問五逆経』一巻（大正一四巻）、『阿闍世王授決経』一巻（大正一四巻）、『阿闍世王経』二巻（大正一五巻）などがあり、浄土教経典の『観無量寿経』も、序分でそれについて語っております。いまはそれらによって、この王舎城の事件のおおよその事情について説明いたします。

頻婆娑羅王と韋提希夫人

釈尊在世の時代、すなわち、紀元前五世紀から四世紀のころ、中インドのマガダ国の王舎城（ラージャグリハ Rājagṛha）に、頻婆娑羅王という国王がいました。彼は縁あって釈尊に深く帰依し、その王舎城内に、仏教最初の寺院といわれる竹林精舎《ちくりんしょうじゃ》を建立するなど、生涯をかけて仏教の外護者として働きました。その王妃が韋提希夫人です。ところがこの夫婦には子どもが恵まれませんでした。そこで占い師に相談したところ、現在一人の仙人が山中で修行しているが、この仙人がその修行の功徳によって、あなたたちの王子として転生するであろうと告げました。しかしながら、いつまで待っても王妃が懐妊しないので、王は家来をつかわしてその仙人を殺害しました。

　かくして王妃はまもなく子をさずかりましたが、改めて占い師に相談すると、生まれてくる子は王子だが、その非道な両親の行為を怨んで、成長したのちには、きっと父王を殺害することでしょうと予言しました。そこで国王と王妃は種々に悩んだあげく、出産にあたっては、高楼《たかどの》から産み落として、その幼児を殺害するよう計画しました。しかしながら、実際には、わずかに指の骨が折れただけで、奇蹟的にその子の生命は無事でした。かくして新しく生まれた王子は阿闍世太子と名づけられましたが、やがて上に述べたところの出生秘話がひろまって、人々はひそかにその王子を「折指《せつし》太子《たいし》」と呼び、また「未生怨太《みしょうおんたい》子《し》」（生まれる前から両親に怨みを抱いていた太子）とも呼んだと伝えています。

阿闍世太子と提婆達多

阿闍世王子が青年となったころ、釈尊の従弟《いとこ》であった提婆達多《だいばだった》（デーヴァダッタ Devedatta）が、この王子に接近し、自分はいま出家して釈尊の弟子となっているが、釈尊の教説はまちがっている、私は自分で新しい教えを考えている、いずれ私は釈尊を殺害して釈尊に代って仏教教団を統率するつもりである、あなたも父王を殺害して王位を奪え、そして私たち二人で新しいインドの国造りを始めようと申し入れました。

阿闍世王子は、自分の出生にまつわる秘話を思い出して、この提婆達多の悪計に乗りました。事実、この提婆達多の新しい教説は、その後も長く伝統されていたといいます。

阿闍世王子の逆悪

そこで『大般涅槃経』等の教説によって、その後の阿闍世王子の動向を解説しますと、王子の性質はとても狂暴で、いつも自分に気にいらぬ人々を殺害しました。また口ではいつも悪口・両舌・妄語・綺語を語り、心には貪欲・瞋恚・愚痴を宿しており、その胸中には、いつもすさんだ思念が燃えさかっていました。そして悪い仲間と徒党を組んで、この世のさまざまな欲望、快楽ばかりを、むさぼり求めて生活しておりました。

かくして王子は提婆達多の悪計に乗って、ついに父の頻婆娑羅王を牢獄に幽閉し、いっさい食事を与えませんでした。その時に、王妃の韋提希夫人が王を見舞うといって、こっそりと全身に蜜をぬって食料の粉をまぶし、冠《かんむり》に飲みものを隠して、牢獄に運んでおりましたが、それも発覚して、韋提希夫人もまた牢獄に幽閉されることとなりました。『観無量寿経』の序分には、そのことが詳細に説かれています。かくして食料を絶たれた頻婆娑羅王はやがて絶命いたしました。阿闍世王子は父王を殺害したわけです。

阿闍世王の煩悶

そして阿闍世王子は父王に代ってマガダ国の王位に即きましたが、経典によりますと、やがて父王を殺害した逆罪の報いとして、自分の心の底に深い悔恨の思いを抱くようになったといいます。そしてそのことによって、その身の全体に毒瘡《かさ》が生じて、その穢れた膿血はとてもきつい悪臭を放ち、誰も側に近よることができませんでした。そのことから、阿闍世王は、この病気は私の悪業の報いにほかならず、やがて私は無間地獄に転落して、その恐ろしい苦果をうけねばならないだろうと思いました。

そこで牢獄から解放された母親の韋提希夫人が、さまざまな薬を取りよせて、王子の全身に塗りましたが、いっこうに治りません。痛みと悪臭はいよいよ激しくなるばかりでした。阿闍世王は、ようやく自分の犯した逆罪の深重さを自覚することとなり、この病いは私の心から生まれた病気だから、医者や薬で治癒できるものではないといい、私は遠からず自分の業報によって、無間地獄に堕ちていくだろうと、いっそう深く煩悶し恐怖することとなりました。

六師外道の説得

そこで阿闍世王に仕えていた六人の大臣たちが、それぞれ自分のもっとも信頼する当時の新しい思想家の師匠を推薦して、その教言を聞くように申し入れました。その六人とは、

1 月称という大臣の推薦による、いっさいの因果の道理を認めない道徳否定論者の富《ふ》蘭那《らんな》（プーラナ・カッサバ）。

2 蔵徳という大臣の推薦による、徹底した宿命論者の末迦梨狗賒梨子《まかりくしゃりし》（マッカリ・ゴーサーラ）。

3 実徳という大臣の推薦による、懐疑論者、不可知論者の刪闍耶毘羅胝子《さんじゃやびらていし》（サンジャヤ・ベーラッティプッタ）。

4 悉知義《しっちぎ》という大臣の推薦による、因果の道理や来世の存在を否定する唯物論者、快楽論者の阿耆多翅舎欽婆羅《あぎたししゃきんばら》（アジタ・ケーサカンバラ）。

5 吉徳という大臣の推薦による、無因論的な感覚論者の迦羅鳩駄迦旃延《からくだかせんえん》（バクダ・カッ

チャーヤナ)。

6　無所畏《むしょい》という大臣の推薦による、自己制御説を説くジャイナ教の開祖である尼乾陀《にけんだ》若提子《にゃくだいし》(ニガンタ・ナータプッタ)

のことで、これらの当時の新しい思想家、外道の師匠が、阿闍世王を訪問して、それぞれの自説をもって、その苦衷を慰撫しましたが、いっこうに効果はありませんでした。

2　阿闍世王と釈尊

耆婆の勧誘

そこで次に、王舎城の街に住んで、早くより釈尊に帰依していた医者の耆婆《ぎば》(ジーヴァカ・コーマーラバッチャ・Jīvaka Komārabhacca)が、阿闍世王に向って、あなたの病気を治す者は、ただ一人釈尊だけです。どうぞ釈尊を訪ねてその教説を聞きなさいといいました。すると阿闍世王は、私は世にも恐ろしい逆悪を犯したわけで、やがては必ず無間地獄に堕ちていくほかはない。この私の苦悩、恐怖を除いてくれる者はどこにもいないであろうといいました。耆婆がそれに答えて、あなたはいま心に深く後悔し、慚愧の思いをもたれています。仏教では、このような慚愧の心をもつ者を人間といい、慚愧の心をもたない者を畜生といいます。いまこそあなたには仏法を聞く機縁が恵まれたのです。どうぞ釈尊の教えを聞いてくださいと、重ねて勧誘しました。阿闍世王にとっては、聞法の因縁が充分に整ったわけです。

そして『大般涅槃経』によりますと、その時に、突如として天空から声が届き、

大王よ、どうぞ速やかに釈尊のところに行って教えを聞きなさい。釈尊のほかに、あなたの苦悩を救う者はいません。私はいまあなたが可哀相だと思うから、このように勧めるのです。

と聞えてきました。そこで阿闍世王は、この言葉を聞いて驚き、空を仰いで、「あなたはいったい誰ですか」といいますと、

大王よ。私はあなたの父の頻婆娑羅王である。あなたは耆婆のいうとおりにしなさい。

という声が返ってきました。自分が殺害した父親の、愛情あふれる言葉を聞いたのです。阿闍世王は、この言葉を聞くやいなや、驚いて大地に悶え倒れました。そして全身はおののき震え、その身の毒瘡《かさ》の痛みはいっそう烈しくなりました。しかしながら、阿闍世王は、自分が殺害した父親が、なおこのように、自分のことを案じてかけてくれた優しい言葉を聞くことにより、いままでの頑強な自我、自執の殻を大きく破ることができました。そして阿闍世王は、耆婆の勧誘に従って、心を決して釈尊のもとを訪ねることとなりました。

釈尊の月愛三昧

続いて『大般涅槃経』は、釈尊がこの阿闍世王のために自分の入滅を延期して、月愛三昧《がつあいざんまい》に入り、その聞法の決意に呼応したことを説き、その三昧の働きはあたかも清涼な月の光が夜の世界を照らすように、阿闍世王の全身を照らしました。するとたちまちにして、その身の毒瘡《かさ》が完全に治ったといいます。かくして阿闍世王は、耆婆に帯同されて釈尊のもとを訪ねることとなりました。しかし阿闍世王には、なおもいささかの疑心、躊躇の思いが残っていて、耆婆と一緒に象に乗りながら、もしも私が無間地獄に堕ちそうになったら、しっかりと私を捉えて堕ちぬようにしてほしいといいました。

そして釈尊の前に至って、説法を聴聞することとなりました。経典では、その説法の内容が長々と語られています。ここで釈尊は、阿闍世王の胸中に生まれている、自分が犯した悪業の報いに対する恐怖と、それをめぐる悔恨の思念に対して、しっかりと寄りそいながら、その業報が次第に転じられて善心が育っていくように、教化、説法されたわけです。

3　阿闍世王の廻心

無根の信

そしてこの『大般涅槃経』は、阿闍世王が、釈尊の教化によって、自分の悪業を慚愧し、世界と自分の存在相について種々に観察することを通して、ついにはまことの信心を開発したことを明かします。そこでそれに続く『大般涅槃経』の経文を意訳しますと、次のように説かれています。

阿闍世王が釈尊に向って、「世尊よ、私はいままで世間において、伊蘭《いらん》（エーランダ）という毒の樹の種子から伊蘭という毒の樹が生えてくることを見てきましたが、その伊蘭の種子から妙なる香を放つ、栴檀《せんだん》（チャンダナ）の樹が生えてくるのを見たことがありません。しかし、私はいま初めて、その伊蘭の種子より栴檀の樹が生えるのを見ました。その伊蘭の種子とは、この私のことであり、その栴檀の樹とは私の心に開けた無根の信のことです。その無根とは、私はいままで仏を崇敬することもなく、またその教えやその僧たちを崇敬することもありませんでした。このことを無根といったのです」といいました。

この「無根の信」について、経文では、

無根とは、われはじめて如来を恭敬せんことを知らず、法、僧を信ぜず、これを無根と名づく。世尊、われもし如来、世尊にもうあわずば、まさに無量阿僧祇劫において、大地獄にありて無量の苦を受くべし。われいま仏を見たてまつる。ここをもって仏のえたまうところの功徳を見たてまつり、衆生の煩悩悪心を破壊せしむ。（大正一二、四

八四頁、七二八頁）

と説いております。それによると、この無根の信とは、自分自身の現実相についての、「無量阿僧祇劫において、大地獄にありて無量の苦を受くべし」という厳しい自己内観と、「仏のえたまうところの功徳を見たてまつる」という仏の真実功徳を知見し、それに値遇《ちぐう》する体験を得たということを意味します。すなわち、自己自身の深重なる煩悩罪業に対する「めざめ」の信知と、如来の真実功徳に対する「めざめ」の信知とを、即一して体験したわけで、それは真宗教義の上でいうならば、まさしく絶対矛盾的自己同一なる深信、まことの信心体験を意味します。

かくして阿闍世王は、父王殺害という恐るべき逆悪を犯しながらも、そのような罪業深重、地獄必堕の自分の心の中に、真実清浄なる如来の到来、その現成を、確かに実感し体解することができたわけです。

業報の荷負

次いで『大般涅槃経』は次のように語ります。その経文を意訳しますと次のとおりです。

そこで世尊は、「阿闍世王よ、よろしい、よろしい。私はいま、あなたがよく人間の煩悩の悪心を破り転じたことを知ることができました」といわれますと、阿闍世王は世尊に向って、「もし私がよく人間の多くの煩悩の悪心を破ることができるならば、私はいつでも無間地獄に堕ちて、無量の間、あらゆる人々の代りに苦悩をうけても、決してそれを苦痛とは思いません」と申しあげました。(中略)そしてその時、阿闍世王が耆婆に向って、「私はいま清浄の身、聖者の身、「天身」を得ることができました。またこの世俗の生命を捨てて、常住、真実の生命、「常身」を得ることができました。そして多くの人々に対しても、無上の菩提心を起こさせることができました」といいました。

すなわち、阿闍世王は、その「無根の信」を得ることによって、「天身」「常身」を得て、まったく新しい人格主体を確立したわけです

以上見たところの『大般涅槃経』の教説の内実は、本質的には、親鸞が「信文類」において、力を尽くして明らかにしたところの真実信心の内実に、そっくりそのまま重なるものといいえましょう。すなわち、親鸞における真実信心とは、まったく一元的、主体的な「めざめ」体験を意味するものにほかなりません。そしてさらにいえば、その「めざめ」体験とは、この私とこの世界についての罪業のめざめと、そのためにこそまします如来の大悲に対するめざめの、即一体験ということができましょう。そして私たちは、そのような信心体験においてこそ、それがもっている罪業と大悲、虚妄と真実の絶対矛盾的自己同

一という厳しい心的構造を通して、一人ひとりが、人格的に少しずつ育てられ、脱皮し、成熟していくこととなるのです。いまここで「天身」「常身」を得ることができたということは、まさしくそのことを意味するものにほかなりません。

かくして、この『大般涅槃経』の阿闍世王物語は、親鸞がこの「信文類」の全篇においで明らかにしようとしたところの、罪業と大悲、虚妄と真実なる「めざめ」体験としての真実信心の内実に、そっくりそのまま重層するわけで、『大般涅槃経』の引用は、伝統教学がいうような、たんなる阿弥陀仏の本願の対象について示したという単純なものではなくて、この「信文類」全体の論述の帰結として、その真実信心の成立構造、その廻心体験の内実をめぐる肝要について、明示したものと領解すべきでしょう。

4　親鸞における領解

なお親鸞は、この阿闍世王をめぐって、このような王舎城の悲劇が生まれたのは、ひとえに阿弥陀仏が、私たちにその本願の教法を信知させるために、その大悲にもとづいて演出したところの壮大なドラマであると領解しているわけです。すなわち、親鸞は『教行証文類』の「総序」において、

しかればすなわち浄邦縁熟して、調達、闍世をして逆害を興ぜしむ。浄業機彰して、

釈迦、韋提をして安養を選ばしめたまえり。これすなわち権化の仁、斉しく苦悩の群萌を救済し、世雄の悲、まさしく逆謗闡提を恵まんと欲す。（真聖全二、一頁）

と明かしています。調達、すなわち提婆達多にそそのかされて、阿闍世王が父王を殺害して王位についたという、恐ろしい王舎城の悲劇は、すべて阿弥陀仏と釈迦仏の働きかけによる、浄土の仏道を開顕するための演出にほかならず、この事件をめぐる人々は、ことごとく浄土から化現した方々で、それはひとえに私たちを、浄土の仏道に誘引するための方便であるというわけです。また親鸞は、その『浄土和讃』においても、

弥陀・釈迦方便して　阿難・目連・富楼那・韋提　達多・闍王・頻婆娑羅　耆婆・月光・行雨等

大聖おのおのもろともに　凡愚底下のつみびとを　逆悪もらさぬ誓願に　方便引入せしめけり（真聖全二、四九五頁）

などと説いています。これもまた同じ意趣によるもので、この王舎城の悲劇は、阿弥陀仏と釈迦仏が、私たち凡愚を救済するために、その大悲をもって仕掛けた方便誘引の出来事であって、阿闍世王、提婆達多、頻婆娑羅王、耆婆などは、すべて浄土から来現した仏の化現にほかならないというわけです。

かくして親鸞は、この『大般涅槃経』の経文の根底に、私たち凡愚にかけられたところ

の、深重なる阿弥陀仏と釈迦仏の大悲の働きを感得しているわけであります。

三　廻心体験の成立構造

1　廻心体験の構成要素

五種の構成要素

上に見たように、阿闍世王は耆婆の勧誘によって釈尊に面接し、そのねんごろな教化指導をうけて廻心し、新しい人格主体としての「天身」を確立して救われたといいます。

そこで真宗における廻心体験の成立をめぐって、上に見たところの『大般涅槃経』の阿闍世王の廻心に学びつつ、そしてまた、私自身のささやかな廻心体験について回顧、分析しながら考えますと、その廻心体験というものは、およそ五種の構成要素をもって成立するといいうるように思われます。

その第一は、仏法を聴聞、学習するについての明確な先師、善知識の教導があるということです。

第二には、自己の人生における根本課題、その疑問、苦悩について、どうしてもそのことを解決したいという、明確な求道、聞法の動機、それについての堅い志願があるということです。そういう確かな動機、求道心なくしては、廻心体験は成立しません。

第三には、その求道、聞法の途上において、決定的な自我の崩壊が成立してくるということです。そのような自我の崩壊は、のちに見るように、基本的には、日々の称名念仏の相続とその深化によってこそ育てられてくるものですが、それはより具体的には、さまざまな縁を通し、それらを契機としてこそ、よく醸成され、成立してくるものです。そういう仏法にかかわる因縁はとても重要で、ことに廻心体験の成立においては、そういう自我の崩壊が、決定的な必須条件となるものです。

第四には、日ごろの仏法の学習、その聞法の帰結として成立してくる信知（信心）の開眼です。上に見た阿闍世王の廻心でいえば「無根の信」の成立です。さらにいえば、今まで気づくことのなかった新しい世界、究極的な真実に対する「めざめ」体験です。そしてそのような「めざめ」体験の内実は、必ず明と闇、歓喜と懺悔、真実と虚妄、浄土と地獄の、絶対的に矛盾するところの二者の即一体験として成立してくるものです。

第五には、上に見た信知の開眼にもとづくことによって、自己自身の現実の人生状況、いままでに解決、克服を求めていた人生の課題を、それがいかなるものであるとしても、それを自己自身の業報、自らが背負うべき自己責任として、よく受容し、それを荷負していくという決意、覚悟の成立です。

すなわち、真宗の行道において、確かな廻心体験が成立するについては、その成立の構成要素の基本的なものとしては、以上のような⑴先師の教導、⑵聞法の動機、⑶自我の崩壊、⑷信知の開眼、⑸業報の荷負という、五点があると考えられます。このような五種の要素を中核としてこそ、真宗における廻心体験は確かに成立してくるものであると思われます。もとより、個々の廻心体験には、それ以外のものもあろうかと思われますが、いまはその基本的なところを挙げたわけです。

親鸞における教示

親鸞は、「行文類」の冒頭に、『平等覚経』に説かれる、阿闍世王の帰仏の文を引用していますが、このことは、親鸞においては、阿闍世王は、ひとえに阿弥陀仏の教法、その称名、聞名の行道に帰依し、その仏道を実践成就することによってこそ救われたと領解しているることを意味するものでしょう。そしてまた、すでに上において見たように、「行文類」と「信文類」において、真宗の行道とは、聞名不退の道として称名・聞名・信心という内実をもち、私から仏への私の称名念仏が、そのまま逆転して、それが仏から私への称名、仏の私に対する呼びかけの声であると聞こえてくるようになると教示します。すなわち、称名が聞名となるところ、そしてまた、その聞名の徹底、究竟においてこそ、よく真実の信心体験が成立するということを明かします。

そしてその教説をうけて、この『大般涅槃経』が説くところの阿闍世王の廻心体験について詳細に説明し、ここに真宗における行道の帰結、完成があることを語っています。かくして親鸞は、この廻心体験の成立構造の解説をもって、真宗の行道をめぐる教示を結ぶわけです。その点、上に述べたような廻心体験の成立構造としての五種の構成要素は、真実信心を学ぶについては、きわめて重要な課題であるといわねばなりません。しかしながら、従来の伝統的な教学者たちは、この「信文類」における『大般涅槃経』の引文、その阿闍世王の聞法、廻心については、ほとんど無視して、何ら注目するところがありません。それは真宗における信心体験の本質、その成立構造が、まったく分かっていないことによるものでしょう。

2 先師の教導

そこでまず、私たちが仏法を学ぶについては、何よりも、善友、先師に値遇することが肝要です。それはあたかも親鸞が法然に遇って、新しい仏道を歩み始めたようなものです。また阿闍世王の場合では、耆婆に勧誘され、その教導に従うことによって釈尊の教化をうけて救われたわけです。仏法を学ぶについては、このように善友、先師に出遇い、導かれることが大切です。釈尊は、『南伝大蔵経』「相応部経典」（『漢訳大蔵経』「雑阿含経」）によりますと、仏教を学ぶについては、

われらが善き友をもち、善き仲間とともにあるということは、それは、この聖なる道のなかばにあたるのではなく、まったくそのすべてなのである」（増谷文雄『仏教百話』・『南伝大蔵経』相応部経典一六上、一四〇～一頁）

と教言されております。善友、先師に出遇い、それとともにあるということは、仏道のすべてであり、そこにこそ仏道の成就があるというわけです。

親鸞もまた「信文類」に、『大般涅槃経』の、

そのとき、仏もろもろの大衆に告げたまわく。一切衆生阿耨多羅三藐三菩提に近づく因縁のためには、善友を先とするにはしかず。（大正一二、四八二頁、七二五頁。真聖全二、八九頁）

という文を引用しております。そしてまた親鸞は、その「行文類」に、善導の『般舟讃』の文を引用して、

もし本師知識の勧めにあらずば、弥陀の浄土にいかんしてか入らん。（真聖全一、七七頁）

といい、また、

善知識にあふことも　おしふることもまたかたし　よく聞くこともかたければ　信ずることもなおかたし（『浄土和讃』真聖全二、四九四頁）

真の知識にあふことは　かたきがなかになをかたし　流転輪廻のきはなきは　疑情のさはりにしくぞなき（『高僧和讃』真聖全二、五一四頁）

などという「和讃」を作成して、善友、先師に遇うことが、まことに至難にして希有なることであると歎じています。

七里恒順が、電車に乗るためには、いかに線路の周辺をウロウロ歩きまわっても乗れるはずはない。駅に行って乗車券、キップを求めることが肝要である。仏法を学ぶについても同様で、いくら自分で自学自習して仏法を知ろうとも、善き先師に値遇しないかぎり、まことの信心を開発することはできないと語っておりますが、まことのそのとおりです。善き先師に出遇ったという感慨なくして、阿弥陀仏に出遇うということは成りたちません。

3　聞法の動機

次に、私たちが聞法するについては、まず私は何のために仏法を学ぶのか、私の現実の人生生活において、仏法を学ぶことにいかなる意味があるのかという、聞法についての動機、その課題の明確化が必要です。それは阿闍世王の場合では、自己の殺父という罪業に対する厳しい悔恨と慚愧、そしてその業報に対する恐怖より、その解決のために釈尊を訪ねて聞法したということです。私たちの場合にも、そういう聞法に対する明確な問題意識、私は何のために聞法するのかという、その動機、課題の明確化が絶対に必要です。

そこで聞法の動機、課題としては、古来、罪の問題と死の問題が説かれてきましたが、そのことは今日においてはかなり流動的でありましょう。現代社会においては、その構造の複雑化にともなって、今日の人生生活の中における生活環境、経済問題、健康問題などをめぐる不安や恐怖、あるいはまた人間関係における心の葛藤の問題など、多様な課題がありましょう。

今日の日本においては自死者が多く、ここ一〇年以上、年間三万三〇〇〇人（一日平均九〇人）に及ぶといわれ、まことに深刻な事態が生じています。その点、今日における聞法の動機としては、それらの諸問題を背負い、またはそれらと厳しく対峙しながら生きるについて、そういう個々の問題を解決するためというよりも、人間一人ひとりの生き方において、人生におけるさまざまな課題を、それがどれほど厳しく苛酷なものであろうとも、それをよく受容し、よく超克して生きていくことができるような、新しい人格主体を成熟させ、確立していくためにこそ、仏法は学ばれるべきでしょう。仏法とは、そしてまた浄土真宗の教法とは、もともとそういう人格変容、人間成長をめざすものにほかならず、私たちは仏法、念仏を学ぶことを通して、自分自身の人格が未成熟であることをいっそう思い知らされ、そしてまた、仏法、念仏によって、いよいよその人間の成熟、人格主体の確立、確かなる自立をめざすべきであります。

しかしながら、世間の多くの人々は、仏法を学ぶについて、そのような課題を明確化しないで、何の問題意識ももたないままに聴聞している人が多いのではありませんか。だからこそ、仏教をいかに多く学んでも、それがすべて知的興味を満足させるのみで、そのすべてが観念的に捉えられて、何ら確かな廻心体験をもたらすことがない場合が多いのではありませんか。

仏法を学ぶについては、そういう私自身における人格の未成熟という問題を、きわめて敏感に自覚し、そのことを自己の人生の即今の課題として、真摯に聞法することが肝要です。

4 自我の崩壊

阿闍世王が、釈尊を訪ねて仏法を聞くことになったのは、ひとえに天の声、亡き父王の慈愛の声によったといい、その声において、阿闍世王の自我が崩壊し、すなおに耆婆に従って釈尊のところに行ったわけです。まことに仏法を学び、また廻心体験が成立するについては、何よりもこのような、自我が崩壊していくことが前提となります。自我が崩壊してこそ、よく仏法が、また仏の大悲が、心の底に滲透し、味解されてくるものです。そしてそのような自我の崩壊は、時には人の言葉として、その柔軟語によって成りたつものです。慈愛のこもる柔軟な言葉、また、そういう優しく温かい真情にふれることにおいてこそよく生まれてくるものです。そのことは決して剛直語としての叱咤激励の言葉などによって生まれてくるものではありません。私を慈愛し、抱摂してくれるような、愛情あふれる真情、そういう言葉に接することによってこそ、よく成立してくるものです。もとよりそれ以外にも、それなりの仏縁によって、自我の崩壊は成りたつことでありましょう。私自身の廻心体験をめぐっても、また同じような決定的な自我崩壊の経験があったことです。

近世幕末に生きた妙好人に、山口県の六連島《むつれじま》のお軽《かる》（一八〇一～一八五六）という女性がいます。下関の港から船に乗っていったところ、玄界灘に浮かんでいる小さな島が六連島です。お軽は、ここで生まれ、ここで生涯をおくりました。私も若いころ、お軽さんの遺芳をしたって、学生さんたちと一緒にこの島を訪ねたことがあります。そのころには四十軒ばかりの農家があり、その中心に本願寺派の西教寺というお寺がありましたが、いまも昔のままでしょうか。

このお軽は、一人娘でしたが、若いころから、とても才知があり気性の強い女性であったといいます。やがて婿養子を迎えて子どもも生まれましたが、その性格がもとで夫婦生活が破綻しました。それからのお軽は、ずいぶんと煩悶、苦悩して、自死までも覚悟したといいますが、悩みのあげくに、西教寺の現道という住職を訪ねて、その胸中を吐露しました。その時に、この現道師は、お軽が自分の人生を語るのをじっと聞いていましたが、お軽の涙ながらの告白が終ったとき、ふと「それはよかったなあ」といったというのです。その言葉を聞いたお軽は、「よかったとは何事か」といい、たいへん腹を立てて帰っていきました。

しかしながら、お軽には仏縁がもよおしていたのでしょうか。現道師が、再びお軽に会った時、私がそういったのは、あんたのことは前々から気にかかっていたが、気性の強いあんたには、私のような者は、とても仏法を伝えることはできないと思っていた。しかし、いまあんたが、自分の人生のすべてを投げだして、どうしてよいか分からないといいながら、素直に私の前に坐っている。いまこそ、あんたは、ほんとうに仏法を聞くご縁に恵まれたのだ、と思ったものだから、つい思わず「よかったなあ」といったのだ、あんたを怒らせたのは、まことにすまなかったと、心から詫びたといいます。お軽の胸に、この現道師の深い心、お軽の苦しみを、わがことと して受けとめてくれていた同感同苦の温かい心が、そのまま届いたわけでしょう。そこで、お軽の自我の心が大きく崩壊していきました。それからのお軽は、この現道師をたよりに、昼となく夜となく、ひとすじに仏法を求めたといい、現道師もまた、よく心を傾けて教化されたと伝えています。

そしてお軽は、ついに三十五歳にして信心を開発したといいます。それは彼女が聞法を始めてより数年経った時のことでした。このお軽の求道、聞法とは、まさしく自分の人生の虚妄に気づき、その虚妄にめざめていくという方向において、阿弥陀仏の大慈大悲に出遇ったわけです。それについては、西教寺の現道師の、お軽の苦悩、煩悶に対する、見事なまでの深い受容と共感があったればこそです。ここには教化者が学ぶべき、伝道、弘法の極意がしのばれてきます。

しかし、この自我崩壊の成立をめぐっては、何よりも決定的には称名念仏することが肝要です。私が日々念仏を申して生きていくところ、その称名念仏が私の生活習慣行として相続されるようになると、その必然として、その私から仏へ向う私の称名が、まったく逆転して、その称名が仏から私に向う仏の称名、仏の呼び声として聞かれてくるようになります。称名が聞名となるわけで、ここにおいてこそ、私の自我が破られてくるのです。

すなわち、私から仏に向う私の称名は、よくよく聞法しつつ、その角度を誤らずに、相続し深化していくならば、やがてそれ自身の必然として、その自我を崩壊せしめてくることとなり、それがそのまま、仏から私に向う仏の称名、仏の呼び声として聞かれてくることとなるのです。真宗における称名念仏とは、まさしくそのように自我を崩壊せしめるためのものにほかなりません。このことについては、のちに考察する「第四章　信心の開発とその相続」の中の、「三願転入の仏道」のところで、改めて論究しましょう。

5　信知の開眼

阿闍世王は、釈尊の教化によって、自己が犯した悪逆の罪業について深く慚愧しましたが、またそれに即して、「無根の信」を開発して仏を見ることができ、その無量の功徳を身に得て、すでに現身において、まことの人格主体としての「天身」、「常身」を得たといいます。真宗の行道においても、その称名、聞名の道を実践していくならば、やがて真実信心が開発してくるわけです。そしてその信心とは、まさしくは一元的、主体的な「めざめ」体験を意味するものでありますが、そこではまず自己自身の深重なる罪業について、「地獄は一定すみかぞかし」（『歎異抄』真聖全二、七七四頁）という、深い信知の開眼が生まれてきます。自己自身の存在相をめぐる暗黒性の自覚、「めざめ」体験です。そしてまた、真実信心においては、そのことに即して、真実、如来の到来、現成が生まれ、「往生は一定とおぼしめすべし」（『末灯鈔』真聖全二、六八九頁）という、深い信知の開眼が成立してきます。まさしく仏との出遇い体験、その確かな自覚、「めざめ」体験です。

かくして真宗における真実信心とは、地獄一定の「めざめ」と、往生一定の「めざめ」が、絶対矛盾的自己同一として、この私の身の上に成立することであって、そのことは、日常的、形式論理としてはまったくありえないことが、不思議にも成りたつということであり、それはあえていうならば、「如来よりたまはりたる信心」（『歎異抄』真聖全二、七九一頁）というほかはありません。その点、阿闍世王が開発した信心が「無根の信」といわれるのは、親鸞によって開顕された真実信心が「たまはりたる信心」と明かされることに、まったく重なるところであり、真宗における信心もまた、「無根の信」ということでありましょう。

そしてまた、阿闍世王は、その無根の信において、すでにこの現身において、まことの人格主体の確立を意味する「天身」「常身」を得たといいますが、親鸞もまた、その真実信心を得るならば、その利益として、「仏に成るべき身と成る」（『弥陀如来名号徳』真聖全二、七三五頁・その他）と明かして、同じように、新しい念仏的人格主体を確立することができると教示しています。

その点、ここでいう『大般涅槃経』における「無根の信」と、親鸞が開顕したところの真実信心、本願の信心とは共通するものであって、それはともに仏教における信心の基本的な性格を表わす「チッタ　プラサーダ（citta prasāda・心澄浄）」を意味するものと思われます。かくして、真宗における廻心体験の成立構造としては、自我の崩壊にともなって、このような信知の開眼、真実信心の開発が生まれてくることとなるわけです。

6　業報の荷負

『大般涅槃経』によりますと、阿闍世王は釈尊の教化をうけて、「無根の信」を開覚したといいますが、阿闍世王はそれにおいて、

我はつねに無間地獄に在りて、無量劫の中、もろもろの衆生のために苦悩を受けるとも、もって苦とせず。（大正一二、四八二頁、七二八頁。真聖全二、九二頁）

と表白したといいます。そのことは、父王殺害という自己の業報を、自己責任として素直に荷負するということです。それは、自我の崩壊と、それによる無根の信にもとづくところの、自己責任、業報荷負の覚悟を意味します。親鸞が、自己の罪業の業報を信知しつつ、

いづれの行もおよびがたき身なれば、とても地獄は一定すみかぞかし」（『歎異抄』真聖全二、七七四頁）

と告白したことも、また同じ意趣でしょう。自己の罪業の深刻さに「めざめ」た者の、自

己責任、業報に対する一身荷負の表白です。そしてまた、親鸞が人間の死をめぐって、

娑婆の縁つきて、ちからなくしておはるときに、かの土へはまひるべきなり。(『歎異抄』真聖全二、七七八頁)

と明かしていることも、また同じ意趣を表白したものでしょう。私たちの人生とはまったく虚妄なものです。すべてが「うそ」です。何ひとつとして確かなものはありません。人間はひとしく死んでいく存在で、明日の日も分からぬ生命を今日も生きているのです。この親鸞の表白もまた、自分の死が、どのような姿で到来しようとも、それと真正面に向きあって、死んでいくという覚悟の表白でしょう。親鸞は、自己の罪と死の問題について、そしてそれ以外にも、善鸞義絶の問題など、さまざまな自己の人生の課題を、日々の念仏とともに、まったくの自己責任、業報としてよく受けとめていったわけでしょう。

そのような真実信心の内実はまた、信心を深く生きた人にも見られるところです。すなわち、その地獄一定という心の構えについては、かつて私が若いころ、広島の呉市のある寺院で法話をした時、私の領解するところでは、親鸞のいわれる地獄一定と往生一定とは即一するものであって、地獄にまっさかさまに転落し、その地獄の底を突き破らないかぎり、まことの浄土には往生できません、と語ったところ、そのあとに、私の控え室に一人の紳士が訪ねてこられ、今日の法話についてお礼がいいたいということでした。

それによりますと、その人の母親は、若いころに主人に先立たれて、この紳士を育てながら、懸命に聞法を重ねられたそうです。近郷近在の寺院に法座があれば、すべて欠かさずに参詣、聴聞されたということです。そしてこの母親が、いつもいつも口にしていたことは、「私こそ地獄まっさかさまよ」という言葉だったそうです。そこでその紳士がいわれるには、

私はいつもこの母親のひとりごとを聞きながら、これほどまでによくお寺に参るのだから、極楽浄土に往生できるのではないかと思いましたが、私は仏法にまったく関心がありませんでしたので、母親がどうしてそういうのか、その理由も聞きませんでした。しかし、その母親も死にましたし、私も会社が定年になりまして、いまではいつのまにか、こうして聞法する身となりました。

しかしながら、私は聞法しながらも、私の母親は、いまどこにいるのだろうかと、いつも心にひっかかっておりました。だが今日の法話を聞いてよく分かりました。母親が確かに浄土に往生していることを知って嬉しく思い、私もまたそのように聴聞して、母親のいる浄土に参らせていただきたいと思います。今日は長年の私の疑問を解いていただいて嬉しく思い、その御礼を申したいと思って参上した次第ですということでした。

私はこの紳士の話を聞いて、「私こそあなたのお母さんにお礼を申し上げたいことです。

私がそういうお話をしたのは、まったく私の個人の領解ですが、私の先輩に、あなたのお母さんのような深い信心を生きられた方があったことを知って、とても嬉しく思います」とお話したことです。

そしてまた、死に対する心の構えをめぐっては、鳥取の妙好人、足利源左（一八四二～一九三〇）について、こんな話が伝えられています。この源左の聞法仲間に、山名直次という人がいました。ところが、この直次が老衰で死の床についたとき、近づいてくる死が怖くてたまらなくなりました。お先まっ暗で、これでは死ねないと悩んだ直次が、孫娘を使いにして、源左に話を聞かせてほしいと依頼しましたが、そのころ源左もまた、すでに死の床についていました。そこで源左が、直次の悩みを聞いて、

直次さん。死ねばよいがな。

と、何度もつぶやいたといいます。孫娘を通して源左のこの言葉を聞いた直次は、思い当たるところがあったのでしょう。とても喜んで、間もなく安らかに死んでいったといいます。私は、真宗念仏者が死んでいく、浄土に往生していくということは、まさしくそうあるべきだと思います。死んだら浄土に生まれる、浄土が待っているから、心配なく死ねるということではありません。まだ行ったこともない浄土をあてにして死ぬのではなくて、いま、ここにして、確かに仏の「いのち」を賜り、仏の「いのち」を生きているからこそ、

いつどういうことがあろうとも、安んじて死んでいけるのです。

浄土真宗、親鸞の仏法領解の立場からするならば、その自我の崩壊、信知の開眼にもとづく自己責任、業報の荷負ということは、その罪業については地獄一定の覚悟として、そして自己自身の死についてもまた同様に、それをそのまま受容し、「有無をはなれて」（『浄土和讃』真聖全二、四八六頁）、よく前向きに死んでいくという覚悟、そういう心の構えが、確かに成立してくるということです。そしてまたそのほかに、それぞれが背負っている人生の課題、業報を、自己自身の責任として、よく担って生きていくことができるようになります。

7　廻心体験の成立要件

以上、親鸞の教示による阿闍世王の廻心を参考にしながら、真宗における廻心体験の成立構造について考察したわけですが、それによって知られることは、真宗において廻心体験が成立するについては、⑴先師の教導、⑵聞法の動機の明確化、⑶自我の崩壊、⑷信知の開眼、⑸自己責任・業報の荷負、という五点の要素が見られるということです。

そして親鸞がこのように廻心体験の成立構造を明かすことは、上の、「信文類」において、信の一念を中心に、信心の開発とその相続について、ことにその開発については、その時間論と心相論について語り、またその相続についても、仏教における時間論にもとづいて、詳細に明かすところです。かくして、そのような真実信心が成立し相続するについては、いかなる成立構造をもつものであるかは、また当然に説明されるべきことでしょう。これらの点についていては、次の「第四章　信心の開発とその相続」において、その詳細を論究いたします。そこで、いま親鸞が、「行文類」の冒頭に『平等覚経』の文を引用して阿闍世王の帰仏の文を明かし、また、この「信文類」の終りにも『大般涅槃経』の文を引用して、阿闍世王の廻心体験をめぐってその詳細を明かすのは、そのことによって、まさしく真宗における真実信心の開発、その廻心体験の成立構造を明確に教示しようと意図したものであると思われます。

真実信心を学ぶについていては、このような廻心体験の成立構造についても、よくよく領解すべきことでしょう。

第四章　信心の開発とその相続

一　仏教における時間の思想

1　仏教における時間論

真宗における信心の開発と、その相続について語るためには、何よりもまず、そのことが成立する場としての、時間論について考察する必要があります。そこでいまは最初に、仏教における時間論について、いささか説明します。

仏教における時間は、世間一般において考えられている世俗における時間とはちがいます。世間一般の通常では、時間とは、過去から未来に向って、あるいはまた未来から過去に向って、流れ流れてやむことのない時間というものがまず存在し、そのような直線的、客観的な時間の流れの中で、あらゆる存在や事象が生起し、変遷し、消滅していきつつあると考えます。しかしながら、それはまったくの常識的、世俗的な時間観であって、まことの時間についての理解ではありません。仏教では、そのような実体的、直線的な時間観は、すべて「まよい」の時間、誤った考え方として厳しく批判します。

仏教における時間の捉え方では、まず第一に、存在が時間であると考えます。普光の『倶舎論記』に、

時に別体なし、法に約して以って明かす。（大正四一、一九四頁）

と説くところです。華厳教学において、「時無別体、依法而立」（時に別体なし、法によりて立つ）というとおりです。仏教においては、一切の存在とは、無常であり、止まることなく変化していくものであるところ、ここに時間というものが成立する根拠があると考えます。かくして、時間の中にものが存在するのではなくて、その存在が無常にして変化するところに時間が成立すると見るわけです。すなわち、存在が時間であるというのです。時間とは現実存在、「現在」にほかならないのです。

かくして仏教では、第二には『ミリンダ王の問い』（『弥蘭王問経』）に、

大王よ。過去の時間と未来の時間との根本は、無明です。（東洋文庫7、一四一頁）

と明かすように、時間とは、もともと無常なる存在に即して語られるところ、それは無明にもとづいて成立し、すべて虚妄なるものだといわねばなりません。かくして、仏教がめ

ざすところの「さとり」、「信心」というものは、そのような時間、無明を超出していくということを意味するわけです。

そのゆえに、第三には、仏教における時間とは、私自身における、主体を媒介としてこそ成立してくるものであると考えます。上にいうように、存在が無常にして変化するところ、そこに時間が成立するということは、どこまでも私の主体における自覚の内実として語られることです。道元が、『正法眼蔵』（「有時」）において、

有時なるによりて吾有時なり。（岩波文庫上、一六一頁）

と明かすところです。その意味において、時間とは、私自身においてこそ、存在が時間であるといいうるのです。したがって、それはまったく主体的なものであって、私自身の存在を離れて時間があるわけではありません。

そして第四には、仏教における時間というものが、このように私自身の主体を媒介として成立するということは、また、時間というものは、つねに現在としてのみ成立するということを意味します。仏教においては、過去・現在・未来という三世が語られますが、過去といい、未来というも、それは現在のほかに実体的に存在するものではありません。過去は記憶として、未来は予想として、ともに主体において意識されるだけで、在るものは主体としての現在だけです。現在とは、無限の過去と無限の未来を包むところの、絶対現

在、尽時現在なのです。『大方広仏華厳経』（旧訳）に、

現在世に三世即一念を説く。（大正九、六三四頁）

と明かして、過去・現在・未来の三世は、すべて現在の一念に摂《おさ》まる、三世というも、現在の一念のほかにはない、というとおりです。

したがって、第五には、仏教において時間が相続されるということは、絶対現在から絶対現在へという構造において成りたつほかはありません。それは直線的な連続ではありません。時々刻々、刹那、刹那において、絶対現在、絶対現在なのです。したがって、時間というものは、断絶にして連続、連続にして断絶という構造において、非常非断、恒時現在として相続されていくものなのです。まさしく、非連続の連続、連続の非連続としての相続です。華厳教学において、

微塵に十方を摂し、刹那に劫海を含む。（『華厳法界義鏡』仏教大系二七、四七一頁）

と明かすように、現在の一念に、横の十方を摂め、縦の億劫を包むわけで、あらゆる時間と空間が絶対現在の一念に摂在し、絶対現在の一念が、あらゆる時間と空間に遍在するのです。

そしてまた、第六には、このような仏教における時間観は、時間、すなわち、一切の世俗の存在を超出したところの、時間なき時間、永遠、常住、如来の地点に立つことによっ

てのみ、初めて捉えられ、自覚されるものであるということです。上において、時間とは無明、虚妄だといいましたが、無明は無明を知ることはできません。虚妄は虚妄を知ることは不可能です。時間は時間を超出すること、永遠、常住の世界に立つことによってのみ、初めてまことの時間について知ることができるのです。すなわち、上に述べたような仏教の時間観は、「さとり」の境地、真実の「信心」の内景にほかならないわけで、そのような真実の世界をめざして生きるもののみによってこそ、よくほのかに感応、感知できることでしょう。

以上、仏教における時間の思想をめぐって、仏教において捉えられる時間とは、⑴存在が時間である、⑵時間とは無明である、⑶時間とは主体的である、⑷時間とは現在のほかにはない、⑸時間の相続とは非連続の連続である、⑹時間とは「さとり」「信心」、その永遠の境地において知られるものである、ということを明らかにしました。

2　親鸞における時間論

そこで、次に親鸞における時間の思想について見ることとします。親鸞には、特に時間をめぐって、まとまって明かすところはありませんが、その信心の開発、阿弥陀仏に対する「めざめ」体験について、『教行証文類』の「化身土文類」において、ここをもって愚禿釈の鸞、論主の解義を仰ぎ、宗師の勧化によりて、久しく万行諸善の仮門を出でて、永く双樹林下の往生を離る。善本徳本の真門に回入して、ひとえに難思往生の心を発しき。しかるに、今ことに方便の真門を出でて、選択の願海に転入せり。すみやかに難思往生の心を離れて、難思議往生を遂げんと欲す。果遂の誓、まことに由あるかな。ここに久しく願海に入りて、深く仏恩を知れり。至徳を報謝せんがために、真宗の簡要をひろうて、恒常に不可思議の徳海を称念す。いよいよこれを喜愛し、ことにこれを頂戴するなり。（真聖全二、一六六頁）

と表白しています。いわゆる三願転入の文といわれるものです。ここでは、親鸞自身の求道の歴程について、その信心の獲得は、第十九願の仮門の道をでて、さらにまた第二十願の真門の道もでて、ついに第十八願の世界に転入するという構造において成立したということを表白するわけです。そしてこの文において注意されることは、その第二十願の真門をでるについては、「今ことに方便の真門を出でて」といい、第十八願の世界に入るについては、「ここに久しく願海に入りて」といっていることです。親鸞における信心については、構造的には真門をでることと本願の世界に入ることは同時であるはずなのに、ここでは、真門をでるについては「今」といい、本願に入るについては「久しく」といっているのです。この「久しく」とは、時間の経過を表わす言葉で、すでに以前に、という意味です。としますと、この本願への転入、信心の開発について明かされた、この「今」（現在）と「久しく」（過去）の関係は、どのように理解すべきでしょうか。

このような表現は、いまひとつ『教行証文類』の「総序」の文にも見ることができます。すなわち、

ここに愚禿釈の親鸞、慶ばしいかな、西蕃、月支の聖典、東夏、日域の師釈に、遇いがたくして今遇うことを得たり、聞きがたくして已に聞くことを得たり。真宗の教行証を敬信して、特に如来の恩徳の深きことを知んぬ。ここをもって聞くところを慶び、獲る所を嘆ずるなりと。（真聖全二、一頁）

と明かすものです。親鸞が、ここで「遇うことを得たり」といい、「聞くことを得たり」というものは、ともに親鸞自身が、まさしく信心を開発したことを意味する言葉です。しかし、親鸞はそれについて「今遇うことを得たり」といい、「已に聞くことを得たり」というわけです。ここでいう「遇う」ことと「聞く」ことは、ともに信心の開発を語るものとして、その意味内容はまったく同じでありながら、遇うについては「今」といい、聞くについては「已に」といっているのです。このことは、上に見た三願転入の文における「今」と「久しく」に、そのまま重なる表現でしょう。親鸞は、自分自身の信心獲得の体験を表白するにあたって、その時間の側面については、「今」と「久しく」、あるいはまた

「今」と「已に」という、現在の出来事と過去の出来事という、まったく矛盾する二つの表現をもって語っているわけです。ここには、親鸞自身の信心にかかわる時間の思想について、独自な領解、論理がひそんでいることがうかがえましょう。

親鸞が、阿弥陀仏の本願に帰入し、信心を開発したのは、いつのことであったのか。そのことをめぐっては、いろいろな見解がありますが、いまは親鸞自身が、「化身土文類」の後序に、

> しかるに愚禿釈の鸞、建仁辛酉《かのとのとり》の暦、雑行を棄てて本願に帰す。（真聖全二、二〇二頁）

と表白しているように、建仁元年（一二〇一）、親鸞二十九歳の時のことであったと理解したいと思います。

しかしながら、親鸞が自分の信心の開発を明かすについて、その時をめぐって、「今」といいつつ「久しく」と語り、また「今」といいつつ「已に」と明かしているのは何ゆえでしょうか。それについては、すでに上に見た仏教における時間の思想において明らかなように、仏教における時間、すなわち真実信心の内景としての時間とは、つねに現在、無始以来の過去から、無終の果ての未来を包んだ、絶対現在、尽時現在なる「今」でしかないからです。

親鸞における信心の開発とは、世俗のただ中の出来事でありながら、しかもまた、その世俗を超えて、常住、永遠に入るという、出世的な究極的体験であるかぎり、それはまさしく絶対現在を場として成立するほかはなく、時間的には、つねに「今」という出世の時間、永遠なる時間、如来の時間の中の一点においてこそ成立するものでした。しかしながら、またその信心とは、世俗の中で成立する体験であるかぎり、そのことが最初に成立した時、その本願帰入の世俗における時節が、自分の記憶の中に鮮やかに残ってくることは当然でしょう。けれども、真実信心の相続とは、そのような世俗的な時間の流れの中の出来事として、またはその延長として、相続されていくものではありません。その最初の転入、帰入の記憶はそれとしても、まことの信心とは、この世俗の時間を超えて、真実、常住の世界に入る、それに直接するという体験として、つねにあらゆる過去と未来を包んだ、絶対現在としての「今」、永遠なる「今」という時と場において成立し、相続されていくものです。その意味において、信心に生きる、信心を相続するということは、その世俗的な次元においては過去の転入体験の時の記憶を宿しながらも、つねに絶対現在としての「今」から「今」へと、非連続の連続、連続の非連続として、真実への帰入、その体験を、大小さまざまな体験として、反復しつつ、それを深化していくということにほかなりません。

親鸞が、上に見たように、自己の信心体験について表白するにあたって、「今」といいつつ「久しく」といい、また「今」といいつつ「已に」といった意味がここにあるわけです。親鸞における信心とは、本願に帰入したのちにおいては、最初の信心の開発について、世俗的に「久しく」「已に」という、かつての記憶に立ちかえりながらも、またその信心とは、つねに「今」という、絶対現在、尽時現在の一点において、その信心体験を反復、相続しつつ、深化させていったわけでしょう。

3　伝統教学における時間の誤解

しかしながら、伝統教学においては、信心の成立についても、またその相続についても、上に見たような仏教の時間の思想、そしてまた親鸞における時間の論理については、まったく無知、不明であるところ、たんなる世俗的な時間観の上で捉えます。したがって、今日の真宗教学や、その伝道、布教の現場では、真宗の基本的な行道としての、日々に称名念仏を申しつつ、それを仏の声として聞けよという、称名・聞名の道について語ることもなく、またその信心について、信心獲得という廻心体験についても、まったく語ることはありません。ただもっぱら、真宗の教えをよく聞いて、それをよく信じればいい、などと語るだけです。まことに抽象的、観念的、無責任な布教です。

したがって、そこで語られる信心とは、まったく主客二元的、対象的に捉えられて、多くは阿弥陀仏の名号をいただくとか、その大悲にまかすとかといって、名号領受、大悲依憑の心のことだというだけです。だからそこでは、どうしたら信心を開発することができるのか、という問題は生まれてはきませんし、またこの世俗を超えるという究極的な出世体験も語られることはありません。すべてがこの世俗の中での話です。まして信の一念ということ、さらにはその相続の論理構造などということは、たえて問題にされません。しかしながら、そのような信心とは、たんなる世俗のレベルでの観念としての信心でしかなく、まことの信心としての出世的な体験ではありえません。親鸞がいう信心とは、まったくの一元的、主体的なる根源的な出世体験を意味するもので、それはまさしく究極的な「めざめ」体験にほかなりません。ここのところは充分によくよく領解していただきたいと思います。

ところで親鸞は、この信心の成立、信の一念をめぐっては、

一念とはこれ信楽開発の時剋の極促を顕わす。（「信文類」真聖全二、七一頁）

と明かし、また『浄土文類聚鈔』では、

乃至一念というは、これさらに観想、功徳、遍数等の一念をいうにはあらず。往生の心行を獲得する時節の延促について乃至一念というなり、知るべし。（真聖全二、四四

四～五頁）
とも説きます。すなわち、その一念について、「時剋の極促」とも「時節の延促」ともいうわけです。そしてまた親鸞は『一念多念文意』に、第十八願成就文の一念を釈して、
一念といふは、信心をうるときのきわまりをあらわすことばなり。（真聖全二、六〇五頁）
といっております。かくして、この一念をめぐって、時間の「極促」と「延促」と「きわまり」が問題となります。ところで、親鸞はこの「促」の字の意味について、「とし」（速）（『行文類』左訓、真聖全二、四一頁）、「とき」（速）（『尊号真像銘文』真聖全二、五七二頁）の意味があるといいます。そしてまた「つづまり」（縮）（『観無量寿経集註』左訓、親鸞全集、加点篇三、一八九頁）の意味もあると明かします。たしかに、辞典によれば、この「促」には「はやい」（速）という意味と、「ちぢまる」（縮）という意味があります。
その点からして、西本願寺の伝統教学では、一念について、信心の成立の時間とは、電光石火のごとき、もっとも短い時間（極速性）であることを意味するという説と、それは信心の成立のスタート、最初の時間、初際（極限性）であることを意味するという説が主張されています。しかしながら、ここで伝統教学がいう極速性も極限性も、ともに世俗的、直線的な時間観の上でいうものにほかなりません。そして信心の相続については、そのよ

うにして成立した初起の信心が、そのまま意業の根底に宿る非意業の信心として初後一貫し、未来に向って延長し、連続していくというのです。そもそもその非意業なる信心とは、いったい何のことか。信心とは明らかなる宗教的体験ではないのか。それは親鸞がいう「信心の業識《ごつしき》」（「行文類」真聖全二、三四頁）とどう関係するのか。

私は若い時に、「宗教経験としての信の研究」という論文を書いたところ、龍谷大学の諸教授らから、真実信心とは名号を領受するのだから経験ではないといって、徹底して非難されたことがありますが、いまでも伝統教学はそういうのでしょうか。

かくして伝統教学では、真実信心には、意識の根底にある非意業なる信心と、それが時おり意識に表相化してくる憶念としての意業なる信心とがあって、信心とは、そういう非意業の信心と憶念、意業の信心の二重構造をもって直線的に相続されるというわけです。まことにもって抽象的、観念的な説明といわざるをえません。そこでは仏教における時間の思想はまったく無視されて、もっぱら世俗的・常識的・直線的な時間の概念の中で捉えられ、解釈されているにすぎず、それは仏教の立場からいうならば、まったくの外道の見解でしかなく、無明、「まよい」の中の時間観にもとづく、まったく「まよい」の信心理解というほかはありません。

親鸞が、ここで「極促」といい、「延促」という場合の、「促」の意味としての「とき」

（速）とか、「つづまり」（縮）とは、帰するところは、「ときのきわまり」として、世俗的な時間を超えた時間のことで、上に述べたところでいえば、絶対現在としての永遠の「今」を意味するものにほかなりません。すなわち、親鸞における信心体験というものは、この世俗のただ中にありながらも、しかもまた、その世俗を超えて、出世、真実の世界、永遠、常住にふれるという究極的な体験であったわけです。したがって、そういう体験とは、この世俗の時間を超えるという体験でもあって、それは絶対現在、尽時現在としての、「今」の一点においてしか成り立ちえません。その意味からして、信心の開発も、またその信心の相続ということも、世俗の中の出来事、体験でありながら、同時に、この世俗を超えて、時間なき時間、絶対現在としての永遠の「今」、すなわち、如来の時間の中に立つ、ということを意味するものにほかなりません。

二　真実信心の開発

1　親鸞における能入信と能度信

次に親鸞が教示する信心の開発、その成立をめぐる問題について、いささか考察いたします。

この信心の開発、成立について考える場合、まず前提として、仏教における信心についていては、第一義的な意味をもつ心澄浄（チッタ　プラサーダ、citta prasāda）と、第二義的な意味をもつ仏法僧の三宝などに対する確信（シュラッダー、śraddhā）としての信の、二種の信心があり、その第二義的な確信としての信を前提、能入位としてこそ、よく第一義的な能度位としての心澄浄なる信心体験が成立してくると語られます。かくして真宗においても、その信心については、初門位なる能入位の信心と、究竟位なる能度位の信心があって、真宗における仏道とは、この能入位の信心から能度位の信心に至る、ひとすじの道程でもあるといいうると思われます。

そしてその能入信とは、教法に対する確信のことで、それは菩提心または求道心を意味して、そのような心は、何よりも、先師、善友にめぐりあうことによって生まれ、育てられていきます。また、その仏道の具体的な行業としては、ひとえに称名念仏を申すという日々の生活が、確かに成立してくるということが大前提となります。そのような、よき先師に恵まれ称名念仏を修めるという生活が成りたたないかぎり、真宗の仏道は決して始まりません。その能度信とは、真宗の仏道の根本の目標であって、それは称名念仏という行業に即して、この世俗を超えたところの、もっとも深い心の次元である、霊性とでもいわれるべき、人間の生命の内奥において成立する、出世的、超越的な究極的体験、そういう境地をいいます。

そのような能度信、真実信心については、親鸞は「信文類」の「別序」において、明確に「信楽」といい、また「真心」と規定しています。その「信楽」とは、『無量寿経』の第十八願文に説かれるもので、その原語としては、上に見た仏教における第一義的な信を意味する「チッタ　プラサーダ」（心澄浄）のことです。その内実については、すでに今までもいろいろと解説してきたように、私における究極的な真実、真理についての確かな「めざめ」体験を意味します。そして「真心」とは、親鸞自身が新しく語った用語で、それについても今まで種々と説明してきたところからすれば、私における究極的な真実、真理との確かなる「であい」体験を意味します。かくして真宗における信心とは、基本的には、この「信楽」と「真心」、「めざめ」体験と「であい」体験という語によって表象されるように、日々の称名念仏行に育てられながら、私の心の内奥において、私の煩悩・罪業について「めざめる」とともに、それに即一して、仏の大悲、摂取に「めざめる」という体験をいいます。そしてまた、その称名念仏行に導かれながら、私の心の内奥において、仏の真実に「であう」とともに、それに即一して、私自身の虚妄に「であう」という体験をいいます。このことこそが、真宗における真実信心の基本的な性格です。

そしてそれは、さらにいうならば、この私が、阿弥陀仏の願海に摂取されて、真実なる世界に転入していくことを意味し、また、阿弥陀仏の大智・大悲が、この虚妄なる私の生命の中に貫徹し、現成してくるという、私における究極的な出来事というべきものです。

いま真実信心が開発してくること、そのような「めざめ」体験、「であい」体験が成立してくるということは、上に述べた能入位の信心と、それにもとづく称名念仏生活の相続、その徹底として生まれてくるもので、そのような出世的な超越的、究極的体験が、この私の身において、まったく主体的に、確かに成立してくることをいうわけです。その意味においては、真宗における行道とは、教法に対する明らかな確信としての能入位の信心から、究極的な真実に対する「めざめ」体験、そしてまた、阿弥陀仏との「であい」体験としての、出世的、超越的な能度位の信心への道程であるともいえましょう。

2　信の一念の意義

信心の開発

親鸞は、そのような能度位の信心が成立することをめぐって、『教行証文類』の「信文類」において、

それ真実信楽を按ずるに、信楽に一念あり。一念とは、これ信楽開発の時剋の極促を

顕わし、広大難思の慶心を彰わすなり。（真聖全二、七一頁）

と明かします。すなわち、信の一念をめぐる教示です。親鸞は、ここではこの信の一念を解説して、一念を時間を表わすものとして捉える立場と、心相について明かすものとして捉える立場の二側面から語ります。もともとこの一念の語は、『無量寿経』の第十八願成就文に、「乃至一念」（真聖全一、二四頁）と説かれるものですが、その『サンスクリット本』によりますと、その原語は「エカ　チッタ」（eka citta）とあり、ひとおもいの心、ひとおもいの思念ということを意味します。

したがって、この一念とは、もともとは心念のことですが、「念」の語には時間の意味もあるところ、親鸞は、それを時間の意味にも捉えます。いまここで、一念とは「信楽開発の時剋の極促を顕わす」というゆえんです。ここでいう一念とは、信心が開発する時間を意味するというわけです。すなわち、親鸞は、すでに上において見たように、この一念をめぐって「時剋の極促」といいながら、また「時節の延促」とも明かし、さらにはまた「ときのきわまり」と語りますが、その極促といい延促というも、帰するところは「ときのきわまり」として、仏教における時間としての尽時現在、絶対現在なる、永遠の「今」を意味するものにほかなりません。そのことについては、すでに上において見たところであります。

信心の相続

しかしながら親鸞はまた、それに続いて、その一念を説明して、「広大難思の慶心をあらわす」といいますが、親鸞においては、その慶心、慶喜の心とは、

慶喜といふは信をえてのちによろこぶこころをいふ也。(『尊号真像銘文』真聖全二、六〇一頁)

慶喜とまふしさふらふことは、他力の信心をえて往生を一定してむずと、よろこぶこころをまふすなり。(『親鸞聖人御消息集』真聖全二、六九九頁)

などと明かされるように、信心を開発したのちに、その信心を相続する中で生まれてくる喜びの心を意味します。

かくして、上に引用した「信文類」の信一念の釈の文は、その一念が、ひとつには信心が開発するについての極促の時間、永遠の「今」なる時間をあらわすとともに、いまひとつには、その信心が、信心開発ののちの慶喜の心として、日々の生活の中で相続されていくことをあらわします。だからこそ、はじめの極促、永遠の「今」なる時間については「顕わす」といい、あとの信心の相続については「彰わす」といったわけでしょう。親鸞においては、「顕」と「彰」の字は、いずれも「あらわす」ことですが、顕の字は表に掲げて明確にあらわすことであり、彰の字は裏においてひそかにあらわすという意味で用い

ます。その用法については、「化身土文類」(真聖全二、一五六〜七頁)にも見られるところです。そこでいまは、この信の一念について、主としては信心の成立にかかわる極促、永遠の「今」なる時間について明かし、またそれに付随して、信心の相続にかかわる時間とその心相について示すということであります。

心澄浄としての一念

ところが親鸞は、それに続いて、さらにまたその一念を解釈して、

一念と言うは信心二心無きがゆえに一念といふ。これを一心と名づく。一心はすなわち清浄報土の真因なり。(真聖全二、七二頁)

と明かします。一念を心相の視点から捉えて、それは「無二心」のことであり、「一心」のことだといいます。すでに上において指摘したように、この一念の語は、『無量寿経』の第十八願成就文の「乃至一念」とあるところより語られたものですが、その原語は「エカ　チッタ」という、ひとおもいの心、ひとおもいの思念ということを意味しております。すなわち、その心、思念とは、『無量寿経』『如来会』の第十八願文に相当する、『サンスクリット本』の第十九願文によりますと、

もしも、世尊よ、わたくしが覚りを得たときに、無量・無数の仏国土における生ける

者たちが、わたくしの名を聞いて、かしこの仏国土に対して心をかけ、（そこに）生まれるためにもろもろの善根をさし向けるとして、かれらが、――無間（罪）を犯した者たちと正法を誹謗するという障碍に覆われた生ける者たちとを除いて――たとえ十たび心を起こすことによってでも、かしこの仏国土に生まれないようであるならば、その間は、わたくしは無上なる正等覚をさとりません。（藤田宏達訳『梵本和訳 無量寿経・阿弥陀経』六二頁）

と明かして、「十たび心を起こす」と説かれて、それは『無量寿経』および『如来会』では、「乃至十念」（真聖全一、九頁、一九〇頁）と訳されています。また、その第十八願成就文相当の文では、

また、実に、アーナンダよ、十方の各々の方角にあるガンジス河の砂に等しい諸仏国土において、ガンジス河の砂に等しい仏・世尊たちは、かの世尊アミターバ如来の名を称讃し、讃歎を説き、名声を説き明かし、功徳を称揚する。それはなぜであるか。およそいかなる生ける者たちであっても、かの世尊アミターバ如来の名を聞き、聞きおわって、たとえ一たび心を起こすだけでも、浄信にともなわれた深い志向をもって心を起こすならば、かれらはすべて、無上なる正等覚より退転しない状態に安住するからである。（前同、一〇八頁）

と明かして「一たび心を起こす」と語られています。それは『無量寿経』では「信心歓喜せんこと乃至一念せん」（真聖全一、二四頁）、『如来会』では「一念の浄信」（真聖全一、二〇三頁）と訳されています。問題はその「一念」「十念」、すなわち、「一念の浄信」「一たび心を起こす」「十たび心を起こす」といわれるその「念」「心」の内実ですが、「念」「心」の原語がチッタ（citta）であるところ、それは阿弥陀仏に対する私の心念を意味するわけです。それについては、『サンスクリット本』の第十八願成就文相当の文では、その「一たび心を起こす」ことについて、さらには「浄信にともなわれた深い志向をもって心を起こす」と明かされていますが、その「浄信にともなわれた」（prasādasahagatena）ということからすれば、「一たびの心」が prasāda（心澄浄）であることは明瞭であります。

なお『無量寿経』第十八願文の「乃至十念」については、「心を至して信楽して我が国に生まれんと欲いて乃至十念せん」（真聖全一、九頁）といい、『如来会』では、「己の所有の善根を心々に廻向して、我が国に生まれんと願じて乃至十念せん」（真聖全一、一九〇頁）と明かしますが、『サンスクリット本』の相当文については、上に掲げたように、十念の内実については、何ら詳しく語ることがありませんので、その詳細は不明です。ただし藤田宏達氏によりますと、『無量寿経』の「至心信楽」の語は、おそらく prasannacitta あるいは prasāda（心澄浄）に相当するものであろうということです（『原始浄土思想の研究』五九四頁）。とするならば、ここでいう一念、「一たびの心」とは、明らかに「心澄浄」、真実信心を意味することが知られます。いま親鸞が、それを「無二心」「一心」と捉え、さらにまた、それは「清浄報土の真因」であるというゆえんでもあります。

3　正定聚・不退転地

真実信心の利益

以上のことからしますと、『無量寿経』第十八願文の「乃至十念」、第十八願成就文の「乃至一念」の「一念」「十念」の念とは、明らかに「チッタ　プラサーダ」、心澄浄、信楽、信心であることが知られてきます。ところで、ここでいう「一念」と「十念」の相違については、本質的な差違はないという見解もありますが、上に見たような親鸞の視点から捉えるならば、「一念」とは、信心の開発を意味し、「十念」（多念）とは、信心の相続について明かしたものとも理解すべきでしょう。また、このプラサーダとは、すでにしばしば語りましたように、もともと三昧、見仏を意味するものであって、龍樹が『十住毘婆沙論』の「易行品」に、

若し人、善根をうえて疑えば即ち華開けず、信心清浄なる者は、華開けて則ち仏を見る。（大正二六、四三頁）

と語るところです。ここでいう「信心清浄」とは、原本が存在せず明確には断定できませんが、その原語は、たぶんに「チッタ　プラサーダ」を意味するものであろうと推定されるところです。ここではそのような信心をひらくならば、仏を見る、仏に出遇うという宗教的体験を得ることができるというわけです。

そして龍樹によれば、そのような心澄浄としての信心をひらくところ、ただちに大乗菩薩道の階位の第四十一位に至り、正定聚、不退転地に住することとなるといいます。このような信心の開発によって、すでにこの現生において正定聚、不退転地に至るということは、この現身において、一定（初地）までの煩悩、無明を破り、一定（初地）までの「さとり」をひらくということを意味するわけですが、そのことはすでにインドにおける〈無量寿経〉および〈阿弥陀経〉においても教説されるところであり、いままたこのように龍樹が教示しているところでもあります。親鸞は、その伝統に従って、法然においてはいまだ明確でなかった正定聚、不退転地の利益を、真実信心における現生の利益として領解し、そのことを主張したわけです。

すなわち、親鸞における信心とは、上に見た第十八願文とその成就文においてうかがえるように、「チッタ　プラサーダ」としての究極的な出世体験を意味するものであり、それによって、この現生において一定の「さとり」の成就を意味する正定聚、不退転地に至るということでした。

疑蓋無雑ということ

親鸞は、「信文類」において本願の三信心について註解するにあたり、字訓の釈においても、また法義の釈においても、くり返してその三信心が、いずれも「疑蓋無雑」であることを主張しています。この疑蓋無雑というところの「疑蓋」とは、仏教における基本的な教義用語で、もとは『阿毘達磨倶舎論』などに見られるものですが、疑蓋とは、仏教が説くところの教法に対して疑惑することをいい、無明・煩悩の一種であるといいます。その点、ここでいう疑とは、仏道の向上をさまたげる無明の心の働きをいうわけで、世間一般でいう世俗的な疑心とは次元を異にしています。そしてそのような疑惑が心を覆って、仏道を学ぶための智慧の働きをさえぎるところから、ことに「疑蓋」というわけです。そしてその具体的な内実については、天台宗の開祖である中国の智顗《ちぎ》（五三八〜五九七）が、仏道修学の初心者のために仏教における基本的な用語について解説した『法界次第初門』によりますと、

蓋とは、覆蓋をもって義となす。よく行者の清浄の善心を覆蓋して開発することをえず。ゆえに名づけて蓋となす。（中略）疑蓋とは、痴の心をもって理を求め、猶予して

決せず、これを名づけて疑となす。もし定等の法を修道するに、無明暗鈍にして真偽をわかたず、猶予を生ずるによって、心に決断なきは、みな疑というなり。世間の通疑と一にあらず。まさしく論ずれば障道の疑なり。すなわち、これ見諦において断ずるところなり。（大正四六、六六八頁）

と明かしています。疑蓋とは、愚痴、無明の心をもったままで仏法を学ぶところから、その道理が分からないままに仏道に惑うことをいい、それは見諦（大乗菩薩道の初地）の階位において断ぜられる煩悩だというのです。これが疑蓋の基本的な意味です。親鸞は、少年時代より比叡山の天台宗において仏教を学んだといいますから、この『法界次第初門』は、身近に置いてよくよく学習したことでしょう。

かくして親鸞が、真実信心を開発するならば、この現身において初地に至り、正定聚、不退転地の利益を得ると主張したのは、ひとえにこの『法界次第初門』の教説にもとづいていることがうかがい知られます。

人格主体の確立

ところで親鸞は、そのような真実信心を明かすについて、その信心を「智慧の信心」（『唯信鈔文意』真聖全二、六二四頁）といい、また「信心の智慧」（『正像末和讃』真聖全二、五二

○頁）と語るのは、このような能度信、真実の信心について明かしたものです。親鸞はまた、その信心について、

信ずる心のいでくるは、智慧のおこるとしるべし。（『正像末和讃』左訓、親鸞全集、和讃篇一四五頁）

とも語っていますが、親鸞においては、信心を開発することは、すでに一定の階位までの智慧（さとり）を開くことを意味していたわけです。そのことは上に見た、信心を得るならば、この現身において、大乗菩薩道の初地、正定聚、不退転地に至るという教示にも、明確に重なるところです。

親鸞が明かすところの信心の智慧とは、より分かりやすくいうならば、仏法的な「めざめ」体験を意味するともいいうると思われます。この「めざめ」という現象は、あたかも恐ろしい夢がさめて正気となるように、恐ろしい夢と、そのめざめによる正気とを同時に体験するわけですが、いまも仏法的な「めざめ」体験とは、私の現実が地獄一定の存在であるということと、しかもまたそのことに即して、私はすでに如来の「いのち」を賜って往生一定であるということとを、まったく絶対矛盾的自己同一として「めざめ」るということです。親鸞が自己の信心を表白して、「とても地獄は一定すみかぞかし」（『歎異抄』真聖全二、七七四頁）と懺悔しつつ、また「往生は一定とおぼしめすべし」（『末灯鈔』真聖全二、

六八九頁）と慶喜しているところです。真実信心とは、そういう智慧としての一元的、主体的な「めざめ」体験を意味するものですが、それは「であい」体験としても、真実に「であい」、それに即して、虚妄に「であう」という体験でもあります。そのことはまた、上に述べたように、自己自身の心の内奥に、明と暗、浄土と地獄、真実と虚妄という絶対矛盾的自己同一なる、厳しい矛盾、対立の覚醒を抱くことを意味するところ、そこには必然的に、その信心主体においては人格の変容が生まれてくることとなります。

もともと人間が、その人格主体の内奥に、このような厳しさと優しさ、孤立性と連帯性、厳父性と悲母性という、まったく相反する二種の自覚契機、そういう緊張関係を、バランスよく宿しつつ生きるならば、その必然として、人格においてよく脱皮と成長が生まれてくることとなり、ついにはその主体において、人間変革、人間成熟が成立し、新しい人格主体が確立されてくることとなるものです。そのことについては、すでに教育学、心理学において語られるところです。親鸞もまた、「行文類」において、そのような真宗念仏が宿すところの矛盾的、対立的な自覚契機、その人間成長をめぐって、「厳父の訓導するが如し」、「悲母の長生するが如し」（真聖全二、四二頁）と語っているところです。

親鸞は、真実信心において、そのような新しい人格主体を確立することをめぐって、念仏を信ずるは、すなわちすでに智慧をえて、仏になるべきみとなるは、これを愚痴

をはなるることとしるべきなり。（『弥陀如来名号徳』真聖全二、七三五頁）
信心をえたる人おば、無碍光仏の心光つねにてらし、まもりたまふゆへに、無明のやみはれ、生死のながきよすでにあかつきになりぬとしるべしと也。巳能雖破無明闇といふはこのこころなり。（『尊号真像銘文』真聖全二、六〇一～二頁）
まことの信心をえたるひとは、すでに仏になりたまふべき御身となりておはしますゆへに、如来とひとしきひとと経にとかれてさふらふなり。（『末灯鈔』真聖全二、六八〇～一頁）

などと明かし、またさらには、

かならず仏になるべき身となるなり。（『浄土和讃』左訓、親鸞全集、和讃篇七一頁）
まことの仏になるべき身となれるなり。（『一念多念文意』左訓、真聖全二、六〇六頁）

などとも語っております。親鸞は、真実信心を獲得して、正定聚、不退転地に住し、新しい人格主体を確立したものは、すでに一定（初地）までの愚痴を離れ、無明の闇が晴れて、すでに「仏になるべき身になった人」だというわけです。親鸞は、人間の罪業性、煩悩性を徹底して凝視して生きたところ、この現身において仏に成るとはいいませんでしたが、すでに信心を開発して仏の「いのち」を生きるところ、信心の人は「仏に成るべき身になった人」だといったのです。

このことは、いままでの伝統教学ではまったく取りあげられませんでした。伝統教学では、真宗の信心を明かすについては、存覚や蓮如が、真実信心の利益とは「密益」であって、それは何ら現実の人生生活に現出するものではないと語ったことをうけて、もっぱら信心正因と説き、信心とは死後における浄土往生のための正因、キップだとのみ主張して、それが今生ただいまの自己の人生生活に深くかかわり、人間変革、新しい人格主体の確立をもたらすものであるということは、まったく説かれることはありませんでした。

私は今までそういうことをいったために、自力の信心を語るといって厳しく非難され、排除されてきました。しかしながら、まことの親鸞の意趣を学び、この浄土真宗を現代社会に生かすためには、ここでいう信心の人は「仏に成るべき身になった人」だといわれる教言に充分に注目し、それについて、いっそう強調されるべきことでしょう。

4　三願転入の仏道

三願転入の文

親鸞は、建仁元年（一二〇一）二十九歳の春に、比叡山を下りて法然を訪ね、新しくその専修念仏の道について学ぶこととなりました。そしてまもなく真実信心を開発して、阿弥陀仏の願海に転入しました。親鸞自ら、

然るに愚禿釈の鸞、建仁辛酉《かのとのとり》の暦、雑行を棄て本願に帰す。（「化身土文類」真聖全二、二〇二頁）

と記録するところです。そして親鸞は、その願海転入の事態について、次のように表白しています。

ここをもって愚禿釈の鸞、論主の解義を仰ぎ、宗師の勧化によりて、久しく万行諸善の仮門を出でて、永く双樹林下の往生を離る。善本徳本の真門に回入して、ひとえに難思往生の心を発《おこ》しき。しかるに、いまことに方便の真門を出でて、選択の願海に転入せり。すみやかに難思往生の心を離れて、難思議往生を遂げんと欲す。果遂の誓《ちかい》、まことに由《ゆえ》あるかな。ここに久しく願海に入りて、深く仏恩を知れり。至徳を報謝せんがために、真宗の簡要を摭《ひろ》うて、恒常に不可思議の徳海を称念す。いよいよこれを喜愛し、ことにこれを頂戴するなり。（真聖全二、一六六頁）

いわゆる三願転入の文です。この文のおおよその意味は次のとおりです。

そこで愚禿釈の親鸞は、インドの龍樹、天親の論説に学び、また中国、日本の祖師たちの教化をいただいて、すでに遠い過去に、諸善万行を修める第十九願の仮門の道をでて、双樹林下往生なる化土往生の心を離脱いたしました。そしてもっぱら善本、徳本としての、称名念仏を励む第二十願の真門の道に入って、ひとえに難思往生の心をおこして浄土を願生してきました。ところが、いまことに、その真門の道をでて、第十八願の選択本願の世界に転入し、すみやかに真門の難思往生の心をすてて、難思議往生なる、真実報土に確かに往生成仏を得る身となりました。そのことからすると、ついには必ず真実の仏道に入らせようとする、第二十願の悲願の仏心は、まことに深い理由のあることで、そのような悲願に育てられ、導かれてこそ、いまの私があることです。ここに長く本願の世界に生かされて、深く阿弥陀仏の恩徳を知らさせていただきました。いまはその尊い功徳に感謝するために、このように浄土真宗の法義の大切な文章を集めて、つねに無上の仏恩を思いつつ、称名念仏することです。かくして私は、いっそうこの浄土の教法を愛楽し、それをありがたく奉持いたします。

　これが上に掲げた三願転入をめぐる表白の文のおよその意味です。それは親鸞自らが長い求道遍歴の過程において、第十九願の仮門の道より第二十願の真門の道に廻入し、そしてまた、その第二十願の真門の道から第十八願の本願の道に転入していったという記録であり、またすでにその本願海に転入したあとの、真実信心を相続し、それを味解し深化していることの表白の言葉です。

第十九願仮門の道

そこでその第十九願仮門（要門）の道とは、親鸞の領解によりますと、第十九願文にもとづいて教説された『観無量寿経』に明かされる諸行往生の道であって、それは願文によれば、修諸功徳の道として、至心に発願し、さまざまな善根、諸行を修めて、浄土に生まれることを願い、臨終に阿弥陀仏の来迎を得て、正念に住して見仏することを期待する道です。その点、この仮門の道とは、上に見た浄土教における見仏の道と聞名の道についていえば、まさしく見仏の道に属する仏道です。かくしてこの仮門の道とは、もともと諸種の善根の修習を説く聖道教に重なるもので、それら聖道教の行業の功徳をもって、浄土に往生しようと願う道にほかなりません。すなわち、親鸞によれば、

至心・発願・欲生と　十方衆生を方便し　衆善の仮門ひらきてぞ　現其人前と願じける（『浄土和讃』真聖全二、四九二頁）

と明かされる道です。この仮門の道とは、至心、まことの心をもって、必ず浄土に往生したいと発願し、さまざまな善根を修習する道のことで、この行道を修めるならば、臨終においては、必ずその人の眼前に阿弥陀仏が来迎し、見仏することができるという道をいいます。しかしながら、この道は諸善万行の道です。

もともとまことの仏道とは、修めるべき行業についての明確な選択が必要であり、この

道こそという唯一真実としての行道を選びとることによってこそ、初めてそこに、それを梃子《てこ》として、いっさいの世俗的な価値を徹底して相対化することのできる、出世の視座が確立されてくることとなるものです。しかしながら、この第十九願の仮門の道においては、修めるべき行業がさまざまに語られる諸行、諸善であるところ、その善根、価値の内容が多様に分かれて、世俗的価値に対する本質的な相対化の基軸、梃子が曖昧となり、出世の道としての、まことの仏道は成立しがたいこととなります。

またこの道は、それらの行業を修めることにより、臨終に仏の来迎を得、それによって正念に住して見仏し、そこに仏の救いが成立するという、臨終を中心とする道ですが、私たちのように、煩悩多く迷妄の深い在俗の凡夫にとっては、その臨終を期して仏道を精進するということは、まことに至難なことといわざるをえません。またこの第十九願の成就文によれば、たとえ臨終に来迎を得て浄土に往生するとも、その往生には上、中、下なる三輩九品《さんぱいくぼん》の別があるといいます。その因行にさまざまな別があるところ、その往生の果相にもまたさまざまな別が生まれてくるというわけです。このように、仏の救済に差別があるということは、仏の救済がいまだ究竟ではなく、したがって、その行道がなお究極的な真実の道ではないことを意味します。しかしながら、親鸞はまた、この仮門なる第十九願の道について、釈迦は要門ひらきつつ　定散諸機をこしらへて　正・雑二行方便し　ひとへに専修をすすめしむ（『高僧和讃』真聖全二、五〇九頁）

と明かすように、それは、私たちに対して、この虚妄なる世俗の人生と世界を相対化しつつ、ひとえに定善・散善なるさまざまな善根を、そしてまた、正行・雑行なるさまざまな行業を教説しつつ、ひとえに浄土を願生せしめるための道であって、それは真実なる行道、本願念仏の道に引き入れるための、方便誘引の道にほかならないとも語っています。

これが第十九願の仮門の道です。親鸞は、自分はこの仮門の道を修めたことがあるが、すでに遠い過去において離脱したといいます。

第二十願真門の道

次の第二十願真門の道とは、親鸞の領解によりますと、第二十願文にもとづいて教説されたところの『阿弥陀経』に明かされている称名念仏の道であって、それは願文によれば、植諸徳本の道として、至心にもっぱら善本、徳本としての称名念仏行を修め、それを浄土に廻向、おくり届けることにより、その功徳をもって浄土に往生しようとする道です。親鸞によれば、

至心・廻向・欲生と　十方衆生を方便し　名号の真門ひらきてぞ　不果遂者と願じけ

る（『浄土和讃』真聖全二、四九三頁）と語られる道です。この真門の道とは、至心、まことの心をもって、自分の修めた善根、称名念仏を浄土に廻向し、その功徳によって往生しようと願う道のことで、この行道を修めるならば、いかなる曲折があろうとも、ついにはその志願が成就されるという道をいいます。

そこでこの行道は、上の第十九願の仮門の道に比べると、仮門の道が聖道教に重なる自力諸善の道であるに対して、唯一なる称名念仏の一行を選びとって修める道であり、それはまさしく浄土の行道であるといいうるわけです。その点、この称名念仏の道は、本質的には、それを基軸、梃子として、よく一切の世俗的価値を相対化することができ、またその念仏において、よく出世的世界に跳躍、転入することが可能となってくるわけです。

しかしながら、この第二十願真門の道では、ひとえに称名念仏一行を選びとって修める道でありながらも、なおその不徹底性によって、自執、自我の心の放棄が成立しえず、したがってまた、阿弥陀仏の大悲についての確かなる「めざめ」の体験が成立しえないところ、それを真門の道というわけです。浄土教における行道とは、すでに上においていろいろと述べたように、在家者の仏道として、もっともふさわしい礼拝・称名・憶念なる三業奉行の易行の道ですが、そのような象徴行為、象徴儀礼とは、ひとえに自己自身の日々の在り方を問いつづけながら、それにおいて、自己の人生の虚妄にめざめ、その自執、自我の心を打ち破り、それを崩壊せしめていくためには、もっとも勝れた宗教的営為にほかなりません。称名念仏とは、私の自我を摧破し、崩壊せしめるための、万人普遍の容易なる仏行なのです。

けれども、いまの第二十願真門の称名とは、私から仏への一方向のみにおいて成立するだけであって、その逆転としての、仏から私への方向をもって成立してこない称名の道なのです。ひとえに称名念仏しながらも、その称名念仏が、私による私の称名念仏であって、それがまったく仏の称名念仏、仏の私に対する呼び声であると思いあたることがない、称名念仏している私の自執、自我、その称え心が残存しているままの称名念仏です。このような真門の道は、表層的な形態としては真実なる本願の行道とまったく同じでありながら、その称名念仏行の内実、心相が真実になっていない、まことの「めざめ」体験としての信心がともなっていない称名念仏で、それはいまだ真実のための方便の門という意味で真門と呼ばれるわけです。

だがこの真門の道は、その願文に「果遂せずば」と誓われていますが、親鸞は、この果遂の語に、「果たしとげずばというは、ついに果たさむとなり」（『浄土三経往生文類』（広本）真聖全二、五五八頁）と左訓しているように、この道を歩む者には、やがて必ず、真実の仏道が成就するということであって、この真門とは、まさしく真実なる門として、確かに真実に至りうる道を意味しているわけです。すなわち、この真門の道を歩む者は、その仏道の必然として、如来の大悲に育てられて、本願真実の世界に転入することとなるわけです。

この第二十願真門の道については、改めてあとの「果遂の誓願の意義」のところで考察することといたします。

第十八願本願の道

第十八願本願の道とは、親鸞の領解によれば第十八願文にもとづいて教説された『無量寿経』に明かされている、まことの称名念仏、すなわち、その内実において、如来の大悲についての「めざめ」体験としての信心体験をともなっている称名念仏の道をいいます。

なおこの第十八願の本願の行道については、すでに上の「第二章　真宗における行道思想」において、いろいろと詳細に述べたように、〈無量寿経〉によれば、聞名不退の道、聞名往生の道として説かれているところです。すなわち、私たちが「阿弥陀仏の声を聞く」（『大阿弥陀経』真聖全一、一四二頁、一八二頁）ことにより、「心意浄潔」（『大阿弥陀経』真聖全一、一八二頁）、心澄浄なる信心体験を得て浄土に往生する道でした。

そしてまた、その行道について、親鸞は龍樹浄土教の領解にもとづいて、私たちがその日々において称名念仏を修め、それを生活習慣化していくところ、やがてその称名念仏において、自己自身が根源的に否定され、自力計度《じりきけたく》の心、自執・自我の心が、自己崩壊していくこととなり、それに即して、阿弥陀仏の大悲が体験、信知、味識されてくるようになるといいます。そのことはまた、私から仏へ向う私の称名が、そのままそっくり、仏から私へ向う仏の称名、仏の私に対する呼び声と思いあたり、そのように聞こえてくるような称名念仏をいうわけで、親鸞は、そのような称名を、称えるままに聞こえてくる称名ということで聞名というわけです。すなわち、まことの称名とは、そのまま聞名であるというのです。さらに親鸞においては、そのような聞名体験とは、まさしく、

「聞名欲往生」といふは、聞といふは如来のちかひの御なを信ずとまふすなり。（『尊号真像銘文』真聖全二、五七八頁）

「聞其名号」といふは、本願の名号をきくとのたまへるなり。きくといふは、本願をききてうたがふこころのなきを聞といふなり。またきくといふは、信心をあらわす御のりなり。（『一念多念文意』真聖全二、六〇四～五頁）

「聞名念我」といふは、聞はきくといふ、信心をあらわす御のりなり。（『唯信鈔文意』真聖全二、六四四頁）

などと明かすように、そのまま信心体験を意味するものにほかなりません。

なおここでいう「聞く」とは、明らかにすべて「聞名」のことで、たんなる聞法、仏法を聞くということではありません。自己の称名念仏行にもとづく聞名体験としての、仏の名号、仏の称名、その私に対する呼びかけの「仏の声《ミナ》」(『大阿弥陀経』真聖全一、一四二頁、一八二頁。「真仏土文類」真聖全二、一二三頁)を聞くことなのです。いままでの多くの伝統教学者は、この聞名と聞法の区別が不分明、無知のままに、これらの教示の文を、すべて単純に聞法のことだと解釈し、仏道としての称名行を無視し、排除してきましたが、それはとんでもない誤解です。ここでいう「聞く」とは、私の称名念仏において生まれてくる、確かなる聞名体験を意味しているわけです。

すなわち、すでに上において種々に考察したように、真宗における行道思想の原典としての、〈無量寿経〉に教説されるところの仏道とは、ひとえに聞名不退の道、聞名往生の道ですが、その聞名がまことの聞名体験、仏の私に対する告名、呼び声を聞くという究極的体験となるならば、それに即して心澄浄、信心歓喜なる真実信心が成立してくることになるわけです。

そのことは、ことには〈無量寿経〉の流通分の文に明確に説示されているところです。すなわち、まず『サンスクリット本』の文によりますと、

　アジタよ、見よ、アミターバ如来・応供・正等覚者の名を聞くであろう生ける者たち

が、いかほどよい利得を得た者であるかを。また、かの如来に対し、そしてこの法門に対して、たとえ一たびでも心の澄浄を得るであろう生ける者たちは、下劣な信解をもつ者とはならないであろう。（藤田宏達訳『梵本和訳 無量寿経・阿弥陀経』一四七頁）

と説かれていますが、それに相当する漢訳の〈無量寿経〉を検しますと、『大阿弥陀経』では、

阿弥陀仏の声を聞きて、慈心歓喜《じしんかんぎ》し、一時に踊躍し、心意浄潔にして、（真聖全一、一八二頁）

といい、『平等覚経』では、

無量清浄仏の声を聞き、慈心歓喜して、一時に踊躍し、心意清浄にして、（真聖全一、一三一頁）

といい、『無量寿経』では、

彼の仏の名号を聞くことをえて、歓喜踊躍して乃至一念せんことあらん。（真聖全一、四六頁）

といい、『如来会』では、

もし彼の仏の名を聞くことありて、能く一念喜愛の心を生ぜば、（真聖全一、二一一頁）

といい、また『荘厳経』では、

無量寿仏の名号を聞くことをえて、一念の信心を発して、（真聖全一、一二四〇頁）

と説くところに、もっとも明快です。ここでいう「慈心歓喜し、一時に踊躍し、心意浄潔」、「慈心歓喜して、一時に踊躍し、心意清浄」、「歓喜踊躍して乃至一念」、「一念喜愛の心」、「一念の信心」とは、いずれも「心の澄浄（citta prasāda）」としての真実信心を意味しているわけですが、ここでことに注意されるべきことは、それらのいずれにおいても、そのような澄浄な心、信心とは、阿弥陀仏の「声」、ないしはその「名号」を聞くことによって成立すると説かれているということです。ここには〈無量寿経〉に説示された聞名不退の道、聞名往生の道が、親鸞において的確に継承、伝統されていることが、ものの見事にうかがい知られてくるところです。

かくして、親鸞においては、まことの称名とは、そのまま聞名であり、さらにまた信心を意味するわけで、まことの称名念仏には、つねに真実信心がともなっているわけです。

親鸞が、

真実の信心は必ず名号を具す。（「信文類」真聖全二、六八頁）

と語り、またその称名（行）と信心（信）の関係について、

信をはなれたる行もなし、行の一念をはなれたる信の一念もなし。（中略）信と行とふたつときけども、行をひとこゑするときききてうたがはねば、行をはなれたる信はなし

ときて候。又信はなれたる行なしとおぼしめすべし。（『末灯鈔』真聖全二、六七二頁）と明かすものは、まさしくその称名と信心、行と信とは、本質的には即一するものであることを教示したものでしょう。

しかしながら、今日の西本願寺教団の伝統教学では、信心とは名号を受領することであって、称名とは信心以後の報恩行であるといい、信心正因称名報恩を主張して、信心（信）が前で称名（行）が、後である、信前称後であると語っていますが、この『末灯鈔』の文はどう読むのでしょうか。信心正因称名報恩の教義理解が、親鸞の本意からすれば、まったくの誤謬であることは、きわめて明白でしょう。こういう主張は、真宗の仏道を明かすについて、上に見たような聞名の道については、まったく無学、無知にして、また親鸞の意趣についてもまったく不明な者が、行と信を二元的、分別的に捉えてそういっただけで、まことに稚拙な真宗教義の誤解といわざるをえません。親鸞においては、上に見たように、その本願の行道がまさしく成立してくるならば、「信をはなれたる行なし」「行をはなれたる信はなし」ということであって、その行信、その称名と信心は、聞名体験を仲介として即一し、一体となるものです。これが第十八願、本願の真実の仏道です。

すなわち、真宗における真実なる行道とは、何よりもまず、称名念仏を申すことです。そしてその称名念仏がまことの称名となる時、そのままそれは聞名となり、またその聞名がまことの聞名となる時、それはそのまま信心となるわけであって、その行道とは、帰するところ称名・聞名・信心の道といわれるべきものです。

三願転入の道

以上が、第十九願仮門の道、第二十願真門の道、第十八願本願の道のおよその内容です。親鸞は、ここで自分自身の求道の歴程において、この仮門の道から真門の道に廻入し、またさらに、その真門の道をでて本願の道に転入し、まことの仏道を成就、完結したというのです。そして親鸞によれば、その第十九願仮門の道、第二十願真門の道も、ともに阿弥陀仏の「悲願」（「化身土文類」真聖全二、一四三頁、一五八頁）にもとづくものであって、それはあらゆる人々をまことの本願念仏の道にまで、「悲引」（「化身土文類」真聖全二、一五八頁）し、また「誘引」（同前、一四三頁）するために、方便として施設されたものであると領解しています。その点からすると、この三願、三種の道とは、阿弥陀仏の大悲、誓願において、三種の道が、各別に計画、施設されているということではなくて、それは帰するところ、阿弥陀仏の本願、悲願にもとづく、ただ一筋の浄土往生をめざす道であって、それはもともと称名・聞名・信心なる本願念仏の行道ですが、人々をその道に誘導するために、あえて第十九願仮門の道と第二十願真門の道を、方便、施設されたものであるというべきものでしょう。

すなわち、浄土の仏道が成立するためには、まずその基本的条件としては、自己の存在と現実の世界に対する厳しい内省によって、この世界のあらゆる世俗的な価値を全面的に相対化しつつ、浄土を願生して、悪業を廃し善行を修することが肝要です。いまの第十九願仮門の道とは、まさしくそのような浄土願生の思念を育てるための方便道にほかなりません。そしてまた、その浄土願生の道を生きて、まさしく阿弥陀仏に値遇し、その大悲に覚醒していくためには、何よりもその仏道において、徹底して自己自身が根源的に否定されていき、自執の心、自我の心が崩壊していくことが要求されますが、そのことは煩悩多く、日々世俗のただ中に埋没して生きている私たち凡夫にとっては、まことに至難なことです。しかしながら、その自執、自我を崩壊させるためのもっとも安易な道が、日々において称名念仏を生活習慣化することです。第二十願真門の道とは、まさしくそのような凡夫相応の生活念仏、生活習慣の行道として、方便、施設されたものであって、この専称仏名の道を歩むならば、それが正しい角度をもって進行していくかぎり、果遂の道として、ついには必然的に、自我の崩壊をともなって本願真実の道に入り、まさしく阿弥陀仏に値遇することができるというのです。

親鸞は、こういう自己の求道遍歴の体験を通して、第十九願仮門の道と、第二十願真門の道を、本願真実なる念仏信心の道に誘引するための方便の道であると領解したのです。

かくして、この三願転入の道とは、親鸞自身が歩んだ道であるとともに、本願真実の念仏信心の道を学ぼうとする者にとっては、仏道の基本的な構造として、ひとしく経過すべきものであると思います。このような三願転入の行道をめぐって、それは真実信心を獲得するための必然の経路であると考える見解は、古くは道隠、善譲らがあり、現代では金子大栄氏や星野元豊氏らがあります。それに対して、この三願転入とは真宗教義を自分の求道の歴程によせて明かしたもので、すべての人について、真実信心を得るための必然の道路として語ったものではないとする見解は、古くは僧叡や円月らがあり、今日では大江淳誠氏や普賢大円氏らがあります。

このことについての私の見解は、真宗の仏道というものは、基本的には、このような三願転入の構造をもつものであると考えます。ことに現代においては、求道者個人の性格や環境などによっては、仮門の道の内実としての定善・散善がもつ意味内容は、倫理道徳から社会的実践を含めて多様に解釈されるべきことでしょうが、その生活念仏、生活習慣行としての称名念仏、真門の道は、真宗の仏道を歩もうとする者にとっては、きわめて重要にして、絶対不可欠なる道というべきものであると思います。

5 果遂の誓願の意義

真門の道と本願の道

親鸞が、ことにこの三願真仮と、三願転入の論理を明らかにしようとしたのは、法然の没後、その門下における念仏をめぐる理解がさまざまに混乱し、分裂していったことについて、自身の求道遍歴の体験にもとづいて、法然における念仏義をより徹底し、本願念仏の行道を、より鮮明化することをめざしたものでしょう。そして親鸞は、自身の求道体験によるところ、この三願真仮の中では、とくに第二十願真門の道と第十八願本願の道との関係が、もっとも中心をなすものと考えたようです。

親鸞は、第二十願真門の道について、「化身土文類」に、自己の領解をめぐって次のように明かします。

それ濁世の道俗、すみやかに円修至徳の真門に入りて、難思往生を願うべし。真門の方便につきて、善本あり、徳本あり。また定専心あり、また散専心あり、また定散雑心あり。雑心とは、大小凡聖一切善悪、おのおの助正間雑の心をもって名号を称念す。まことに教は頓にして根は漸機なり。行は専にして心は間雑す。ゆえに雑心というなり。定散の専心とは、罪福を信ずる心をもって本願力を願求す。これを自力の専心と名づくるなり。善本とは、如来の嘉名なり。この嘉名は万善円備せり、一切善法の本なり。ゆえに善本というなり。徳本とは、如来の徳号なり。この徳号は一声称念するに、至徳成満し衆禍みな転ず、十方三世の徳号の本なり。ゆえに徳本というなり。しかればすなわち釈迦牟尼仏は、功徳蔵を開演して、十方濁世を勧化したまう。阿弥陀如来は、もと果遂の誓（この果遂の願とは二十願なり）を発して、諸有の群生海を悲引したまえり。すでにして悲願います。植諸徳本の願と名づく、また係念定生の願と名づく、また不果遂者の願と名づく、また至心廻向の願と名づくべきなり（真聖全二、一五七〜八頁）

ところで親鸞は、この「化身土文類」の前半においては、はじめに化身と化土の意義について語ったあと、ただちに第十九願仮門の意義をめぐって詳細に明かし、その次に、浄土三部経の関係について論じて、まず『観無量寿経』の顕説と隠彰について語り、次にそれに準じて、『阿弥陀経』の顕説と隠彰について明かします。そしてそのあとに、上に引用した文を掲げて第二十願真門の意義について考察し、さらにそれらを結んで、第十八願の本願念仏の仏道なる浄土真宗こそが、末法の時代の時と機、歴史性と人間性に、もっともよく相応する仏法であることを主張します。

親鸞は、ここで何ゆえに、第十九願仮門の道と第二十願真門の道とを並べて論究せずに、その中間において、ことに『観無量寿経』の顕説と隠彰をめぐって詳細に論じたのでしょうか。それは、親鸞においては、この「化身土文類」の本巻の中心課題は、あくまでも聖道教と、その行業に重なるところの、浄土教第十九願仮門の諸行・諸善に対して徹底して批判し、廃捨することにより、本願の念仏行の真実性を主張することにあったということです。その意味においては、この第二十願真門の意義は、親鸞の意趣においては、聖道教と第十九願仮門に対応するものとして、それは広くいえば、第十八願真実の範疇に入るものであったわけです。すなわち、第十八願真実の行道も、第二十願真門の行道も、その行業そのもの、その行体については、同じく称名念仏行にほかならないわけで、問題は、その念仏の修め方、その行相の内実が、真実であるか、不実であるか、まことの信心体験をともなった念仏行であるか、いまだその信心体験をともなっていない念仏行であるかという相違だけです。

真門の行道

かくして親鸞は、上に見た第十九願仮門の道、『観無量寿経』の顕説の行道については、それが浄土の行にあらざる万行、諸善の道であるとして厳しく廃捨しましたが、次に見る第二十願真門の道、『阿弥陀経』の顕説の行道については、それは同じく称名念仏の道として、第十八願真実の道に重なるところ、一応はその行道に趣入すべきことを勧めながら、その行道の実践については、さまざまに批判し、教導しております。そこで以下、上に引用した第二十願真門の道についての親鸞の教示の文のおよその意味について解説いたします。それは次のとおりです。

そこで、今日のような煩悩や罪悪にまみれた時代に生きる人々は、すみやかにあらゆる功徳が円満に成就されることによって成立している、第二十願真門の行道に帰入し、難思往生を願うべきです。親鸞はここでは、この方便権仮の道である真門の道に入ることを勧めています。そしてその方便の真門の行道をめぐっては、行業と心相に分けて、行業については、「善本」「徳本」、諸善の本、功徳の本としての名号、それにもとづく称名念仏をいい、心相については、「定心」「散心」「専心」「雑心」を語って、心を凝らす定心にもとづいてもっぱら念仏する定心の専心と、心が揺れ動くままの散心にもとづいてもっぱら念仏する散心の専心があり、またその定心と散心にもとづいて、念仏とそのほかの行業を交えて修める定散の雑心があります。雑心とは、大乗仏教、小乗仏教の聖者や、あらゆる善人、悪人の凡夫たちが、それぞれ念仏とそのほかの行業を交える心をもって阿弥陀仏の名号を称名念仏することをいいます。すなわち、この第二十願真門念仏の道には、念仏ひとつなる専心の念仏とさまざまな行業を交える雑心の念仏があるというわけです。それは、学んでいる教法は真実でありながらも、それを学ぶ主体が、いまだ徹底せず、真実になっていないからです。また行じている行体そのものは真実でありながらも、それを行ずる主体の心相がいまだ徹底せず、真実になっていないからです。だからそれを雑心というのです。

そしてまた、定心または散心にもとづいて、もっぱら念仏する心としての専心とは、自分がいだく煩悩の心や自分が犯した罪業について不安をおぼえる「信罪の心」や、自分が修めた念仏や善根を当てたよりとして自己満足する「信福の心」にもとづいて、阿弥陀仏の本願の働きを願い求める心をいいます。これを未徹底なる自力の専心といいます。

上に述べた諸善の本とは、阿弥陀仏の勝れた名号のことです。その名号には、あらゆる善根がすべて具わっており、それはすべての善法の根本となるものです。だから諸善の本というわけです。また上に述べた功徳の本とは、阿弥陀仏の尊い名号のことです。その名号とは、一声称名念仏するところ、あらゆる尊い功徳が円満成就して、すべての禍が福に転じることとなり、それは三世十方世界の諸仏の名号の根本です。だから功徳の本というわけです。

かくして釈迦如来は、この第二十願真門の教えとしての功徳蔵を開説されて、昏迷する十方世界の人々を教導されました。また阿弥陀如来は、これらの人々を育てて、ついには必ず浄土に往生せしめようという、第二十願真門の願いとしての果遂の誓いをおこして、あらゆる人々を誘引されました。すでにして、このような阿弥陀仏の大悲の誓願があるのです。かくしてそれは植諸徳本の願と名づけます。また係念定生の願ともいいます。また不果遂者の願ともいいます。そしてまた至心廻向の願とも名づけます。

以上が、上に引用した第二十願真門の意義をめぐる親鸞の領解です。

この文について、ここで善本・徳本といいますが、善本とは諸善の本を意味し、徳本とは功徳の本を意味して、いずれも阿弥陀仏の名号を意味します。そしてまた、その名号を称念するについて「定専心」と「散専心」があるといいますが、この語は「定心」、「散心」ともいい、心を一点に凝らす定心と、心が揺れ動くままの散心を表わし、そのような定心と散心によって、もっぱら称名念仏することを、定心念仏、散心念仏といいます。そしてまた、定散雑心というのは、「定雑心」、「散雑心」のことで、「定心」または「散心」の心にもとづいて、称名念仏以外の行にも心を傾ける、不決定の心、念仏についてのまことの選択が成立していない間雑の心をいうわけです。いずれも当時における浄土教徒たちによって修められていた念仏行について、厳しく批判した文章です。

そして、「罪福を信ずる心」とは、もとは『無量寿経』（真聖全一、四三頁）に見える語ですが、その内実については、すでに上にも述べたように、「信罪心」と「信福心」のことで、信罪心とは、自分の煩悩の心にこだわり、また自分が犯した罪業にこだわって、仏道の向上に自信を喪失する心をいい、信福心とは、自分が修めた念仏や善根をたのんで、それに自己満足する心をいいます。いずれも、称名念仏しながら、自分自身の自執の心を放棄しえないままに、自己で自己自身の在りようの善悪を自己計量する心、「はからい」の心をいうわけです。

この真門念仏における信罪心と信福心の教訓はきわめて重要です。私たちは念仏往生の道を学んで、懸命になればなるほど、とかくそういう陥穽《かんせい》におちいりやすいものです。すなわち、自己の聞法、念仏行をめぐって、そのことについて自己計量し、これで「よい」と思ったり、これではまだ「ダメ」だと思ったりするものです。まさしく自己自身の「はからい」心の生起です。しかし念仏とは、そういう自執、自我の心を打ち破る行業です。私たちの心というものは、その内実を問うかぎり決して辻褄《つじづま》が合うものではありません。そのような愚かな私の心はさておいて、とにもかくにも念仏を申すのです。私の手元、心の中を見て思いわずらうのではなく、阿弥陀仏の大悲、浄土の光明に焦点を合わせながら、ひたすらに聞法し、念仏して生きていくのです。私の人生におけるいかなる善悪、吉凶禍福の出来事も、すべて念仏を申す助縁とうけとめて、いよいよ念仏を大切に生きていくことが肝要です。

疑惑和讃

親鸞は、この第二十願真門の道をめぐって、ことにそれを誡める「和讃」（「疑惑讃」）を二十三首も作成し、「仏不思議の弥陀の御ちかいをうたがふ、つみとがをしらせんとあらはせるなり」（真聖全二、五二五頁）と語っております。その和讃とは、

仏智の不思議をうたがひて　自力の称念このむゆへ　辺地懈慢にとどまりて　仏恩報ずるこころなし（真聖全二、五二三頁）

罪福ふかく信じつつ　善本修習するひとは　疑心の善人なるゆへに　方便化土にとまるなり（真聖全二、五二四頁）

信心のひとにおとらじと　疑心自力の行者も　如来大悲の恩をしり　称名念仏はげむべし（真聖全二、五二三頁）

などと明かすものです。はじめの和讃は、いかに称名念仏を修めるとも、阿弥陀仏の大智大悲を疑惑して、いつまでも自力の称名念仏にとどまるならば、その人は仏恩を慶ぶ心も知らず、方便化土に往生すると誡めるものです。そして次の和讃は、懸命に称名念仏に励みながらも、まことの信心に至りえず、信罪心と信福心にとどまって、仏道に迷惑することを誡めたものです。また次の和讃は、真門、自力の念仏者は、まことの本願念仏の人に学んで、早く阿弥陀仏の大悲を信知する身になるようにと教誡したものです。

親鸞は、あえてこの真門の念仏行者について、ことにそれを厳しく批判しつつ、いそいで本願念仏の行道、すなわち、まことの称名念仏、私から仏に向う称名念仏であるまま、それがそっくりそのまま、仏から私への称名念仏、仏の私に対する仏の告名、私に対する呼びかけの声であると聞こえてくる、そういうまことの本願念仏の道に転入するようにと教示しているわけです。いずれにしても、親鸞が、いかに真門念仏について心を砕き、まことの念仏にまで育つよう念じていたかがうかがえる、心こまやかな教訓です。

不果遂者の願

そこで第二十願真門の道をめぐっては、親鸞は、第二十願を、ことに「不果遂者の願」（「化身土文類」真聖全二、一五八頁）と呼んでいますが、この第二十願は、古くは智光によって「三生果遂の願」と呼ばれ、法然もそれを継承して、「三生の内にかならず果遂すべし。仮令通計するに、百年の内に往生すべき也」（『西方指南抄』真聖全四、一三二頁）と明かし、この第二十願真門の道を歩むものは、三生、百年の間には、必ず往生せしめようという、未来、来世にかけた誓願だと理解しているところです。しかし親鸞は、それをあえて、今生における行道の利益として捉え、「果遂」の語については、『浄土三経往生文類』（広本）に、「遂に果すべしとなり」（真聖全二、五五七頁）、「果し遂げずばといふは遂に果さむとなり」（真聖全二、五五八頁）と明かしています。

そして親鸞は、その「化身土文類」において、この第二十願真門の道を解説するについて、

それ濁世の道俗、まさにすみやかに円修至徳の真門に入りて、難思往生を願うべし。（真聖全二、一五七頁）

と説き、この真門の行道に帰入すべきことを勧めているわけですが、このことは、何よりも上に見たように、この真門の行道を歩むならば、今生の行道の中で、必ずついには果遂して、本願念仏の世界に至りうるという、確かなる自己領解があったからでしょう。

親鸞はまた、その『九願文』によると、この第二十願文について、

この願は自力の念仏のもの、遂に生まれしめんとなり。（親鸞全集、漢文篇一七九頁）

とも明かしていますが、このこともまた、上の文に連なる発想にもとづいて語ったものでしょう。ここでいう「遂に生まれしめん」とは、報土往生を指すわけで、それが今生における仏道の果遂、完結を意味することは明らかでしょう。

そしてまた親鸞は、「化身土文類」では、第二十願文を引用したあとに、その成就文と呼ばれる経文を引用しません。『教行証文類』では、はじめの「教文類」を除く全巻において、すなわち「行文類」では真実の行をめぐって第十七願文を引用したあと「願成就の

文」（真聖全二、五頁）として『無量寿経』などの経文を引き、「信文類」では真実の信をめぐって第十八願文を引用したあと、「本願成就の文」（真聖全二、四九頁）として『無量寿経』などの経文を引き、「証文類」では真実の証をめぐって第十一願文を引用したあと「願成就文」（真聖全二、一〇四頁）として『無量寿経』などの経文を引き、「真仏土文類」では、真仏、真土をめぐって、第十二願文と第十三願文を引用したあと「願成就の文」（真聖全二、一二〇頁）として『無量寿経』などの経文を引き、「化身土文類」では化身土への行道をめぐって、まず第十九願文を引用したあと「願成就の文」（真聖全二、一四四頁）として、『無量寿経』と『観無量寿経』の文などを指定し、次いで第二十願文を引用しますが、そこでは「願成就の文」については何ら明かしません。このように、親鸞は、各文類にわたって願文とその成就文を指定し明示しますが、この第二十願文を明かすについてだけは、成就文を指定しないわけです。

なお親鸞は、その真蹟本の『浄土三経往生文類』（略本）でも、第二十願文を引用しますが、そこでもその願成就文については何も明かしていません。このことはいかなる理由によるものでしょうか。

それについては、親鸞は充分に配慮して、そうしたであろうと考えられるところです。すなわち、第二十願文についてのみ願の成就文を認めないということは、この第二十願真門念仏の道は、それ自身で自己完結するものではなくて、同じ念仏成仏の道を明かす第十八願本願念仏の道に、ついには必ず昇華され、転入されていくものであって、その成就文とは、すなわち第十八願の成就文にほかならず、それに連なるものと領解していたからこそ、そのようにしたものであろうと考えざるをえません。ただし、書写本である『浄土三経往生文類』（広本）には、この第二十願文を引用したあとに、「願成就文『経』に言わく」（真聖全二、五五八頁）といって、『無量寿経』の胎化得失の文を引用しています。真蹟本にないものが、何ゆえに書写本にあるのか、大きな問題が残るところです。

ともあれ、このように第二十願文に成就文を認めないということは、すでに上に見たように、この第二十願を、あえて「不果遂者の願」（果し遂げずばといふは遂に果さむとなり）と名づけ、またこの真門念仏の道に帰入することを勧めた理由にも重なることでしょう。その点、親鸞は、この第二十願の真門念仏の道に入って、日々において、もっぱら称名念仏一行を修めるならば、その称名念仏は、やがては必ず第十八願の本願念仏にまで育てられ、その仏道は今生において果遂すると領解していたことが、知られてくるところです。

不覚転入真如門

そのことをめぐって、もっとも明瞭に教示するものが、『浄土和讃』「大経讃」の中で、

第二十願の意趣について明かした、

定散自力の称名は　果遂のちかひに帰してこそ　おしへざれども自然に　真如の門に

転入する（真聖全二、四九三頁）

という和讃です。ここでいう「定散自力の称名」とは、第十九願仮門の道における定善、散善などの諸行と同格なる行業、雑行としての自力の称名をいいます。次の「果遂のちかひ」とは、その左訓に「自力の心にて名号を称えたるをば、ついに果し遂げむと誓ひたまふなり」（親鸞全集、和讃篇四一頁）と記しているところで、それは自力の心をもって修めている雑修としての称名も、ついには真実の称名念仏までに育てあげ果し遂げさせようという、阿弥陀仏の第二十願のことです。そしてその誓願に帰入するならば、自力の心でもっぱら称名念仏していても、その焦点が的確に定まっているならば、やがてついには、真実なる他力念仏の境地がひらけてくるということを意味します。そして次の「おしえざれども自然に、真如の門に転入する」とは、実はこの文には典拠があって、善導の『般舟讃』に「不覚転入真如門」（真聖全一、六九〇頁）と明かす文にもとづいていることが考えられます。親鸞は、この文を「行文類」（真聖全二、二二頁）に引用していますが、そこではこの「不覚」の「覚」の字に、「オシへ」という訓を付しており、また「覚字教音」と註しています。このことは、この覚の字は「おしえ」と訓《よ》むべきで、それには「教」という意味があることを示したものでしょう。

親鸞は、何ゆえに、この覚の字をあえて「おしえ」と訓んだのでしょうか。思いますのに、親鸞においては、本願の信心ということ、いまの文でいえば「真如の門に転入する」ということは、すでにしばしば述べたように「めざめ」体験のことであって、それは明らかなる覚知、覚醒体験を意味するものです。親鸞が、本願の三信心を解説するについて、「願楽覚知の心」（「信文類」真聖全二、五九頁）というところです。その点、ここで「真如の門に転入する」について、「不覚」という説明は、ふさわしくないと考えたのではないでしょうか。そこでこの覚の字を、あえて「おしえ」と解したものと思われます。とすれば、親鸞においては、この「不覚」とは、教えなくても、それ自身の必然としてということになります。ただし、この第二十願の道については、親鸞が「化身土文類」の真門をめぐる教示（真聖全二、一六二〜五頁）において、ことに『無量寿経』『大般涅槃経』『大方広仏華厳経』などの多くの文を引用して、善知識に値遇し、その教導をうけることの大切さを強調していることとは、まったく矛盾することとなりましょう。それについてはどのように考えるべきでしょうか。

まず考えられることは、たとえ「おしえざれども」といったとしても、真門の念仏が何の導きもなくして、ひとりで本願真実の念仏になっていくはずはありません。そこには当然に、先師、善知識による厚い教導があればこそでしょう。ただ親鸞が、この「不覚」の語を、あえて「おしえざれども」と訓んだのは、上に述べた理由によるものであって、ここでいう「おしえ」とは、たんなる教義、理論の教授とその学習をめぐっていったものではなく、むしろこの真門の課題としては、真門の道を歩むについて、その称名念仏において、自己自身の自我の心が、いかに根源的に否定され自己崩壊していくか、ということが問われてくるわけです。すなわち、ここで学ぶべきことは、掴《つか》むことではなくて離《はな》すことです。求めることではなくて棄てることです。そしてその自己否定、自我放棄に即して、初めて阿弥陀仏が、私にとってあらわとなってくるのです。

その意味において、ここで先師が教導するということは、何かをさらに付加し教授するということではなくて、むしろその反対に、自己否定、自我放棄を、いっそうよく成りたたしめていくために、援助していくことにほかなりません。いま親鸞が、先師の教導の重要性を語りながら、他面において、このように「おしえざれども」と明かしたのは、まさしくこの真門の念仏が、そういう自我の崩壊を契機としてこそ真実の念仏に転じていくについての、細やかな機微について教えたものと思われます。

すなわち、第二十願真門の道において教導されるべきことは、新しく知識、智恵を身につけることではなくて、いかにして自己自身、自我を放棄し、捨離していくかということです。だからこそ、ここでは教導の重要性を強調しながらも、同時に、その教導を否定する論理が語られているわけでしょう。このことは、自力の念仏が他力の念仏として、脱皮し脱底していく、私の念仏が、そっくりそのまま、仏の念仏、仏の呼び声と聞こえてくるようになるについての、まことに貴重にして重要な教示であります。

なお親鸞は、この和讃において、ことに新しく「自然に」という語を添えているわけですが、この自然とは、

必はかならずといふ、かならずといふは自然のこころをあらわす、自然ははじめてはからはずとなり。（『尊号真像銘文』真聖全二、五六八頁）

「自」はをのづからといふ、をのづからといふは自然といふ、自然といふはしからしむといふ。（『唯信鈔文意』真聖全二、六二三頁）

自然といふは自はおのづからといふ、行者のはからひにあらず、しからしむといふことばなり。然といふはしからしむといふことば、行者のはからひにあらず。如来のちかひにてあるがゆへに。（『自然法爾章』真聖全二、五三〇頁）

などと明かされるように、「かならず」「おのづから」「はからはず」「しからしむ」などという意味をもつ言葉で、それはさらにいうならば、「如来のちかい」の働きのことを意味します。そしてまた、「真如の門に転入する」という語には、「法身のさとりをひらく身と

うつりいるとまふすなり」(親鸞全集、和讃篇四一頁)と左訓していますが、ここでいう「法身のさとり」とは法性法身の「さとり」のことで、顕智書写の再稿本では、「法性真如のかどにうつりいるなり」(同前)とありますから、それはやがてついには、法性真如の究極の「さとり」をひらく身となるということを意味しています。かくしてここでいう、「おしへざれども自然に　真如の門に転入する」とは、この第二十願真門の道を歩む者は、新しく教えなくても、新しく教義、理論を学ばなくても、やがてついには自己放棄、自我崩壊を遂げて、「かならず」「おのづから」「はからはず」して、すなわち、阿弥陀仏の誓願、大悲の働きかけによって、本願他力なる称名念仏の境地に、「うつりいる」ことができるということを明かすものでしょう。

称名念仏と自我の崩壊

上において、称名念仏を修めるならば、その必然として、私の自執、自我の心が、ある一定のところ(初地)までは崩壊してくるものだといいましたが、どうしてそういう事態が成立してくるのか、いささか考察してみたいと思います。

称名念仏というものは、それが礼拝、憶念とともに、三業奉行の生活習慣行として日々相続されていくならば、その必然として、称名念仏している自己自身の実相、そのありのままなる現実相が次第にあらわとなり、いっそう自覚されてくるものです。すなわち、自己の客観化の成立です。もともと称名とは、世俗の存在である私が、その世俗を超えた出世の世界、阿弥陀仏の世界に向って心を傾け、その名号を称唱するところの象徴行為です。したがってそこでは、私が仏の名号を称えるということにおいて、それがまことに焦点が合っているかぎり、私の日常的な世俗の生活には、世俗を超えた出世の世界からの反応、照射が生まれてきます。すなわち、この現実の私の在りように対する、浄土からの厳しい問いかけが生起してきます。それはあたかも、鏡を見るようなもので、私が鏡を見るならば、それに即して、鏡が私を見ることとなります。かくしてそこでは、その鏡を媒体として、私が私の真相を見る、私が私の実相をまさしく客観化していくことができます。いまも私が出世なる阿弥陀仏の名号を称唱しながら生きていきますと、その称名念仏を媒体として、私が私の実相を知る、私が私をまさしく客観化することとなり、そこでは私のいつわらざる、ありのままなる現実相が次第に知られてくることとなります。

そしてまた、そのように、私の称名念仏において、次第に自己の客観化が成立し、それが深化していきますと、その必然として、私の実相、私における煩悩性、虚妄性、罪業性が厳しく自覚されてくることとなります。もとよりそこには、その反面としての、それなりの善根性、利他性も弁明されてくるところですが、称名念仏による出世からの照射においては、それもまたすべてが虚仮の行、雑毒の善として、徹底して問われてくることとなります。自己の客観化にもとづくところの自己否定の成立です。かくしてそこでは、出世の世界からの厳しい照射、批判として、私自身の存在がその根底から問われることとなり、私が宿すところの自我・自執の心は、一定のところまでは、自己崩壊してくることとなります。

そういう称名念仏の功徳をめぐっては、私自身の生きざまでいうならば、私は若いころに源信の『往生要集』の、

虚しく信施を食へる者、この無間地獄中に堕す。（真聖全一、七四〇頁）

という文に出遭い強烈なショックを受け、今日に至るまで折りにふれてこの文を思い出しながら生きてきました。私は今日まで生涯を通じて、多くの信者の皆さんの布施によって生かされてきましたが、さまざまな縁を通していつも、この私こそ、まさしく「虚しく信施を食へる者」にほかならず、まったく地獄必堕の道を生きていることを思いつづけて、今に至っております。もとよりそのこともまた、多くはたんなる観念の世界の中の出来事で、それが私自身の心の深層において、どれほど確かなものになっているか、まことに恥ずかしいかぎりで、あいもかわらず自執・自我の心の生起がつづきます。

浄土真宗に帰すれども　真実の心はありがたし、虚仮不実のわが身にて　清浄の心も

さらになし。（『愚禿悲歎述懐』真聖全二、五二七頁）

とは、まさしく私自身の即今の現実相というほかはありません。

しかしながら、私にとっての称名念仏とは、このように果てしなく生起する自執・自我との闘いでもあって、その中におけるささやかなる自我崩壊の営みと、その聳きの音でもあるという実感であります。

6　念仏成仏の道

かくして、親鸞における第二十願真門についての領解は、このような「定散自力の称名は　果遂のちかひに帰してこそ　おしへざれとも自然に　真如の門に転入する」という和讃に、見事に表明されているところです。そしてそのことは、すでに上において見たように、左訓において、「自力の心にて名号を称へたるをば、ついに果し遂げむと誓いたまふなり」と明かされるように、いかに自執・自我の心が深かろうとも、ひとえに称名念仏一行を選びとって修めていくならば、「かならず」「おのづから」に、「はからはず」して、他力なる本願真実の称名念仏が生まれてくるというわけです。上に見たように、親鸞が、『九願文』において、この第二十願文を説明して、「この願は自力の念仏のもの、遂に生まれしめんとなり」と教示するゆえんであり、またこの第二十願真門の道に帰入すべきことを勧めて、「まさに速やかに円修至徳の真門に入りて、難思往生を願うべし」と説く理由でもありましょう。

すなわち、親鸞は、すでに「ただ念仏のみぞまことにておはします」（『歎異抄』真聖全二、七九二頁）という角度において、その称名念仏が確かに選びとられているならば、たとえ真門なる自力の称名念仏であっても、その生活習慣行としての念仏の道を歩むかぎり、やがては必然に、本願他力の称名念仏の境地に転入することができるというのです。そしてそのことは何よりも、親鸞自身の、真摯なる求道を通じての、仏道体験に裏づけられた称名念仏に対する深い洞察、領解でもあったといいうるものでしょう。ことにその三願転入の文において、

果遂の誓、まことに由ある哉。（「化身土文類」真聖全二、一六六頁）

と表白するものは、このことについての、親鸞自身の深い体験と、その感慨から生まれた言葉でしょう。

かくして親鸞は、私たちが、確かに第二十願、真門の道に廻入して、ひとえに「ただ念仏のみぞまこと」と選びとって、いかなる人生の出来事に遭遇しようとも、その順逆、吉凶禍福いずれにおいても、そのことをすべて念仏の助縁と心得て、その日々にいちずに称名念仏を申して生きていくならば、もうそれでよい。確かにこの真門の道を歩んでいくな

らば、いかに自執・自我の心が残存していようとも、如来の大悲の働きかけによって、ついには必ず、真実の道に趣入し、浄土に往生することができると教示しているわけです。このことは、よくよく味解すべき真宗念仏の極意です。

真宗の教えとは、ひとえに念仏を申し、信心を開発して、新しい人格主体を確立して生きていくことをめざすものです。いかに真宗の教義を観念的に解説しようとも、またどれほど熱心に仏法、真宗を学習しようとも、真実信心を開発しなければまったく意味のないことです。

それについては、こちらが本気になって仏法を求め、真剣に聞いていくならば、教えを説く相手が信心をもっているかいないか、まことの信心主体を確立しているかいないかは、およそ分かってくるものです。確かな信心主体を生きている人をこそ探しあてて、その人に従って仏法を学ぶことが大切です。信心のない人の話をいくら聞いても、まことの信心が得られるはずはないでしょう。

ところであなたはもう信心を開発されていますか。もし開発されているとすると、上に述べた頓機と漸機の中のいずれのタイプでしょうか。もしもまだ信心がないとすれば、急いで信心を獲得してください。そのためには、何よりも仏壇を大切にして、日々念仏を申して生きていくことが肝要です。

親鸞が、「往生を不定におぼしめさんひとは、まづわが身の往生をおぼしめして、御念仏さふらふべし」(『親鸞聖人御消息集』真聖全二、六九七頁)と教示しているところです。念仏生活を深めていくならば、必ず信心、その「めざめ」体験がひらけてきます。上においていろいろと述べたとおりです。ともあれ、お互いにいっそうお念仏を大切に生きてまいりましょう。

三　真実信心の相続

1　「信文類」における教示

信心の開発と相続

親鸞は「信文類」において、『無量寿経』の第十八願成就文の「一念」という語について、それを「信楽開発の時剋の極促をあらわす」(真聖全二、七一頁)といって、信心が成立するについての、速くて短い時間の「きわまり」を意味すると理解し、また「信心二心なきがゆえに一念という。これを一心と名づく。一心はすなわち清浄報土の真因なり」(真聖全二、七二頁)と明かして、それは無二の心、「一心」のことであるといって、信心の心相を意味するものと理解しています。すなわち、ここでは一念について、それを信心が成立する「時間」の意味と、信心そのものの「心相」の意味との、二様に解釈しているわけです。

そしてさらに、上の一念をめぐる解釈をうけて、もうひとつ、その信心の一念とは、「信心の相続」を意味するということを明かします。ここで親鸞は、その信心の相続について、十九種の信心の異名を挙げて説示します。すでに上に見たように、親鸞は、その一念を時間の意味に解釈するについて、

一念とは、これ信楽開発の時剋の極促を顕わし、広大難思の慶心を彰わすなり。（真聖全二、七一頁）

といって、それが信心開発の極促の時間を意味するといいながら、またそれが「広大難思の慶心」、大きくて深い慶喜の心をあらわすものであるといっています。この慶喜の心とは、

慶喜といふは信をえてのちよろこぶこころをいふ也。（『尊号真像銘文』真聖全二、六〇一頁）

慶喜とまふしさふらふことは、他力の信心をえて往生を一定してむずと、よろこぶこころをまふすなり。（『親鸞聖人御消息集』真聖全二、六九九頁）

と明かされるように、信心を開発したのちに、その信心を相続する中で生まれてくる喜びの心を意味します。かくして、信心の一念とは、ひとつには、信心が開発するについての極促の時間をあらわすとともに、いまひとつには、その信心が、大きな慶喜の心として、日々の生活の中で相続されていくことをあらわしています。だからこそ、はじめの極促の時間の意味については「顕わす」といい、あとの信心の相続の意味については「彰わす」といったわけです。親鸞においては、「顕」と「彰」の字は、いずれも「あらわす」ことですが、顕の字は表に明確にあらわすことであり、彰の字は裏にひそかにあらわすという意味において用います。これは、「化身土文類」（真聖全二、一五六～七頁）にも見られる用例です。そこでいまは、この信の一念について、主としては極促の時間について明かし、それに付随して信心の相続について示すということです。

かくして、親鸞は、この「信文類」では、第十八願成就文の「一念」について、それを信の一念として、信心を意味すると理解しながらも、さらにその信心の内実を分類して、第一には、その真実信心の開発、成立をめぐる「時間」について明かすものといい、第二には、その信心の基本的な性格をめぐる「心相」について明かすものといい、そして第三には、その信心が、私たちの日々の生活において、よく「相続」されていくについて明かすものという、三点にわたって教示しているわけです。

このような信の一念をめぐる、親鸞の周到にして徹底した領解とその解釈については、まったく感服し、深く敬意を表さずにはいられません。

しかしながら、従来の東西本願寺の伝統教学においては、この親鸞における信心の相続をめぐる領解の文を、上の信の一念の解釈をうけた、たんなる「追釈」ないしは「転釈」と理解して、まったく重視しませんが、決してそういうことでありません。それはこの文が正しく読めていないことによるまったくの誤解です。ここにも伝統教学の不徹底性が指摘されます。この文は明らかに、上に信心の開発をめぐって明かしたあと、改めて、その「信心の相続」について解説したものにほかなりません。その点、充分に留意すべきところです。このことは、いま初めて私がいっていることであって、真実信心を学ぶについては充分に注意して下さい。

そこでまず領解しておきたいことは、このような親鸞の深い配慮とその理解からうかがえることは、信心の相続ということは、一度成立した信心が、そのまま直線的に、連続延長されていくという状態で相続されていくものではないということです。その相続とは、つねに絶対現在の一念として、すでに上に見たように、極促の時間、すなわち、過去・現在・未来の三世のすべてを包んだ尽時現在、永遠の「今」という時間を場として、しかもまた、絶対なる無二心、真実なる一心という心相において、しかもまた、連続の非連続、非連続の連続として、数々《さくさく》に反復し、深化していくという構造において、その人生生活の中で相続されていくものであるということです。

真実信心の相続

親鸞は、「信文類」において、真実信心の相続の相状をめぐって、一念の相続心の異名を専心以下一九種あげます。すなわち、次の文がそれです。

宗師の専念といえるは、すなわちこれ一行なり。専心といえるは、すなわちこれ一心なり。しかれば、願成就の一念はすなわちこれ専心なり。専心はすなわちこれ深心なり。深心はすなわちこれ深信なり。深信はすなわちこれ堅固深信なり。堅固深信はすなわちこれ決定心なり。決定心すなわちこれ無上上心なり。無上上心はすなわちこれ真心なり。真心すなわちこれ相続心なり。相続心すなわちこれ淳心なり。淳心すなわちこれ憶念なり。憶念すなわちこれ真実一心なり。真実一心すなわちこれ大慶喜心なり。大慶喜心すなわちこれ真実信心なり。真実信心すなわちこれ金剛心なり。金剛心すなわちこれ願作仏心なり。願作仏心すなわちこれ度衆生心なり。度衆生心すなわちこれ衆生を摂取して安楽浄土に生ぜしむる心なり。この心すなわちこれ大菩提心なり。この心すなわちこれ大慈悲心なり。この心すなわち無量光明慧によりて生ずるがゆえに、願海平等なるがゆえに発心ひとし。発心ひとしきがゆえに道ひとし、道ひとしきがゆえに大慈悲ひとし、大慈悲はこれ仏道の正因なるがゆえに。（真聖全二、七二〜三頁）

そこでまず、上に掲げた、真実信心の相続をめぐる親鸞における領解の文の意味について考えてみたいと思います。およその意味は次のとおりです。

ここで宗師というのは、浄土真宗の祖師を意味して、具体的には中国の善導のことです。その善導の「散善義」の文を取意して、「専念」といい、「専心」といいます。専念とは、ひたすらに称名念仏の一行を修めることをいい、専心とは、真実の信心の一念を意味します。すなわち、一念には、行（称名）の一念と信（信心）の一念とがあって、ここで専念というのは行の一念にかかわり、専心というのは信の一念をいうわけです。なおまた親鸞は、「行文類」（真聖全二、三四頁）においても、この善導の「散善義」の文を取意して、「専心専念」といっております。同じ意味を表わしているわけです。

かくして、上に見た第十八願成就文の一念とは、専心としての真実信心の一心を意味します。そして専心とは深心、深い心のことです。深心とは、深信、深く信知する心のことです。深信とは、堅固深信、堅くて壊れることのない深い信心のことです。堅固深信とは、決定心、決定して不動なる心のことです。決定心とは、無上上心、この上もなく尊く勝れた心のことです。無上上心とは、真心、虚仮を離れた真実の心のことです。真心とは、相続心、生涯を貫いて相続される心のことです。相続心とは、淳心、淳朴、純粋なる心のことです。淳心とは、憶念、心に深く刻んで忘れることのない心のことです。憶念とは、真実の一心、真実なる無二の心のことです。真実の一心とは、大慶喜心、広大なる喜びの心のことです。大慶喜心とは、真実信心、虚仮を離れたまことの信心のことです。真実信心とは、金剛心、金剛のように堅い心のことです。金剛心とは、願作仏心、自分が仏にならんと願う心のことです。願作仏心とは、度衆生心、一切の生きとし生けるものを仏になさんと願う心のことです。度衆生心とは、摂取衆生生安楽浄土心、生けるものすべてを安楽浄土に往生させようと願う心のことです。この心が仏にならんとする大いなる心としての菩提心です。そしてこの心こそが、あらゆる生けるものを仏になさしめんとする大きな慈悲の心です。

そしてこのような心、相続の信心は、ひとしく阿弥陀仏の無量なる智慧、その働きとしての光明によって成立せしめられるわけです。阿弥陀仏の本願は平等ですから、その信心は誰の信心もみな同じです。そしてその信心が同じであるところ、また私たちの歩むべき仏道もすべて同じです。すなわち阿弥陀仏の大慈悲は、私たちの仏道成立のためのまことの正因です。

相続心の異名

以上、親鸞は、一念の相続心について一九種の異名をあげましたが、それらはいずれも真実信心としての一念がもっている基本の意味内容について明かしたものです。この異名は、それぞれ経典や論釈にもとづいて名づけられたものですが、それについての考察は省略します。なお親鸞は、『浄土文類聚鈔』（真聖全二、四五三頁）にも、同じように、この信の一念の相続心について註解し、そこでは一六種の異名をあげていますが、それらの多くは重なるところです。

ところで、この一九種の異名とその註解について注意すべきことは、ここで明かす信心の解釈の多くが、信心の開発、成立以後の信心として、日々の生活の中で相続される信心について明かしているということです。そのことは、上に見たように、それを相続心といっているところにもっとも明瞭です。この相続ということは、浄土教理史の上では、曇鸞によって説き始められたものですが、親鸞はこの相続の語に「あいつぐ」（「信文類」真聖全二、一〇〇頁）と左訓しており、それが前後に続けられていくことだと理解しています。その点、ここで相続心ということは、その一念、信心とは、日々において相続されるところの信心を意味していることが知られます。そのほか、淳心とは、もとは曇鸞の『往生論註』に見られる語ですが、『浄土文類聚鈔』では「淳一相続心」（真聖全二、四五三頁）と

いって、それを相続心に重ねて理解していること、また憶念とは、親鸞が、

憶念は信心をえたるひとは、うたがひなきゆへに本願をつねにおもひいづるこころのたえぬをいふなり。（『唯信鈔文意』真聖全二、六四四頁）

というように、明らかに相続心のことです。また大慶喜心とは、すでに上にも見たように、

慶喜といふは信をえてのちよろこぶこころをいふ也。（『尊号真像銘文』真聖全二、六〇一頁）

と明かすように、信心開発以後の信心についていったものです。また願作仏心と度衆生心についても、「弥陀の悲願をふかく信じて仏にならむとねがふ心」、「よろづの衆生を仏になさむとおもふ心」（『正像末和讃』左訓、親鸞全集、和讃篇一四七頁）と明かされるように、信心に生きる者の基本的な心の構えを教えたものです。摂取衆生生安楽浄土心も、上の度衆生心に重なる心でしょう。また大菩提心も、もともとは発菩提の心として、仏道帰入の道心をいいますが、それは親鸞においては、信心の初門位から究竟位の全体を意味する心であって、さらには相続心にも重なるわけです。そして次の金剛心も、親鸞においては「金剛心は菩提心」（『高僧和讃』真聖全二、五〇三頁）、「金剛心を大菩提心といふなり」（『末灯鈔』真聖全二、六五六頁）というように、菩提心を意味するわけで、同じように相続心に属するものです。その他の信心は、字義によるかぎり、それが相続の信心を意味するものかどう

かは明瞭ではありませんが、その多くがこのように明らかに相続心に属するものであるところ、ここにあげた一九種の異名は、基本的には、信心開発以後の、相続心としての信心について明かしたものと思われます。

そしてこの十九種の異名を結んで、「この心すなわちこれ無量光明慧によりて生ずるがゆえに」というのは、このような相続の信心とは、まさしく阿弥陀仏の無量なる智慧と、その働きとしての光明によって調熟され、発起せしめられるものである、ということを意味します。親鸞は、

この如来は光明なり、光明は智慧なり、（『一念多念文意』真聖全二、六一六頁）

光明は智慧のかたちなりとしるべし。（『唯信鈔文意』真聖全二、六三一頁）

と明かします。もともと阿弥陀仏とは、光明無量、寿命無量の仏として、寿命を体（本質）とし、光明を用（作用）とするものですが、光明とは智慧を象徴表現したもの、寿命とは慈悲を象徴表現したものです。かくしていまは、その作用、働きかけとしての智慧、光明をあげて、この相続の信心が、ひとえに阿弥陀仏の智慧、光明の働きかけによって生まれてくるということを教示するわけです。そしてそのことをうけて、阿弥陀仏の本願が無碍にして平等であるから、その本願によって開発せしめられた私の信心も、また無碍にして平等であり、その信心が無碍にして平等であるから、その信心にもとづく仏道も無碍にし

て平等であり、そのゆえにこそ、その信心が具えるところの慈悲心、利他の心も、また無碍にして平等です。かくしてこの信心こそが、浄土に往生成仏するための正しい因となるのだといいます。

以上が、信の一念、ことにその相続としての信心をめぐる親鸞の註釈です。なお、この信の一念と、その一念をめぐって一九種の異名をあげた親鸞領解の文は、ひとえに信心の相続について明かしたものだという理解は、従来の東西本願寺の伝統教学においては、まったく考えられることがありませんでしたが、このことは真実信心の構造をめぐる親鸞の重要な教示であって、充分に留意すべきところであると思います。

2　信心相続の構造

親鸞における領解

真実信心が相続されていくということは、いかなる仕組みをもって成立するものでしょうか。親鸞はそれについてどのように教示しているのか、そのことをめぐっていささか考えてみたいと思います。

すでに上において見たように、仏教における信心、したがってまた親鸞における信心には、初門位なる能入信と究竟位なる能度信があって、能入信とは、仏法僧の三宝を学んで、それについて二元的、対象的に、深く信認決定する確たる心的態度をいい、能度信とは、その能入信にもとづくところの特定の行業修習の結果、すなわち、日々における真宗の行道、礼拝・称名・憶念なる三業奉行の結果として、その称名にもとづく聞名体験の内実として、心が澄浄となって、まことの智慧がひらかれ、新しい人格主体が確立されてくるという、まったく一元的、主体的な心的状態を意味します。そしてその仏道の実践を通して、その初門位の信から究竟位の信へと、自分自身の心を成熟させていくということ、ここに真宗の仏道の基本的な構造があるわけです。

そして親鸞においては、まさしき真実信心とは、その一元的、主体的な究竟位なる能度信を意味します。親鸞は、すでに上にも見たように、「信文類」の別序において、そのような信心を、浄土教の伝統を継承しては「信楽」といい、また自分自身の領解にもとづいては「真心」といっています。信楽とは、もとは第十八願文に見られる語で、その原語は、すでにしばしば語ったように「チッタ　プラサーダ」といい、心が澄んで喜悦が生まれてくる心の状態をいいます。この原語は、第十八願成就文では「信心歓喜」と訳されていますが、それは第十八願文の「信楽」の信を「信心」と表わし、楽を「歓喜」と表わしたことによるもので、上に見た、心が澄んで喜悦が生まれるということを意味します。そしてまた、ここで心が澄むということは、何かが新しく見えてくるということで、新しい智慧が開けてくることを意味します。親鸞が、「信心の智慧」（『正像末和讃』真聖全二、五二〇頁）といい、「智慧の信心」（『唯信鈔文意』真聖全二、六二四頁）と明かし、また「信ずる心のいでくるは智慧のおこると知るべし」（『正像末和讃』左訓、親鸞全集、和讃篇一四五頁）と語るとおりです。そこで私は、その信楽とは、私において新しい覚醒、「めざめ」体験が生まれてくることだと領解します。

また真心とは、親鸞はそれについて「まことの心」（『尊号真像銘文』真聖全二、五九〇頁）とも明かしています。このように、信心を真心、「まことの心」と表象することは、まったく親鸞独自の領解によるものですが、親鸞においては、信心を獲得するとは、この虚妄なる私の心の中に、如来の真実、その生命が貫徹し、現成することであったわけです。だからこそ、その信心をあえて真心、「まことの心」と明かしたわけでしょう。そのことはさらにいうならば、まったく虚妄なる私が、究極的な真実に出遇うということを意味するわけで、それは新しい値遇、「であい」体験をもつということだともいいうると思います。

かくして私は、真実信心とは、わかりやすくいえば、信楽であり、真心であり、さらにいうならば、「めざめ」体験、または「であい」体験ともいいうると思います。そしてさらにいうならば、私がその全存在をあげて、阿弥陀仏の智慧、大悲の願海に転入していくことであり、またその阿弥陀仏の真実が、虚妄の私の生命の中に貫徹、現成してくることでもあるといいうるでしょう。ともあれ、真実信心とは、私において成りたつところの、そういう究極的な出世体験をいうわけです。

そしてそういう信心が私に成立するについては、すでに上に見たように、過去と未来のすべてを包んだ、尽時現在、絶対現在なる「今」、永遠の今においてこそ成立するものです。かくして、信心の相続ということは、そういう絶対現在、如来の時間なる永遠の「今」における反復としてこそ、数々《さくさく》に相続されていくことにほかなりません。

一念と十念

そのことは、大乗仏教の仏道、その菩薩道において十地が説かれ、初地以上の一々においても、無明、煩悩の滅尽、転依《てんね》（廻心）が明かされており、その転依というものは一回かぎりのものではなく、仏道修習のすべての過程において、数々に存在するといわれることに共通するものです。仏道というものは、もともとそういう構造をもって成立するものなのです。

それについては、その信心をめぐって説明するのに、『無量寿経』の第十八願成就文によれば「乃至一念」といい、その第十八願文では「乃至十念」と明かし、また『如来会』の第十八願成就文では「一念の浄信」といい、その第十八願文では「乃至十念」と明かし

ていますが、そのことは、第十八願文に相当する『サンスクリット本』の第十九願文では、
たとえ十たび心を起こすことによってでも、かしこの仏国土に生まれないようである
ならば、その間は、わたくしは無上なる正等覚はさとりません。（藤田宏達訳『梵文和訳　無量寿経・阿弥陀経』六二頁）

と誓われ、また第十八願成就文の相当の文では、

かの世尊アミターバ如来の名を聞き、聞きおわつて、たとえ一たび心を起こすだけでも、浄信にともなわれた深い志向をもつて心を起こすならば、かれらはすべて、無上なる正等覚より退転しない状態に安住するからである。（同前、一〇八頁）

と説かれていることに重なります。ここで「一たびの心」、「十たびの心」というものは、第十八願成就文相当の文に明らかなように、そしてその原文を検すると、すでに上において見たように、明らかにプラサーダなる心、澄浄なる心としての、真実信心を意味します。かくして、これら〈無量寿経〉における、「一たびの心」と「十たびの心」、「一念」と「十念」という表現は、明らかに真実信心の成立とその相続について語ったものと考えられ、信心というものが、一度発起し、またそののちに数多く反復しながら発起し、相続されていく、ということを意味するものと理解されます。この「一たび」と「十たび」については、何ら本質的な差違はないという見解もありますが、私はこのことは、上に見た菩

薩道における転依の問題に重ねて、信心の成立とその相続をめぐって明かしたものであろうと考えます。その点、親鸞における信心の成立とその相続についての領解は、その原典としての〈無量寿経〉の思想を的確に継承しているといいうるわけでしょう。

そしてまたそのことは、すでに上において見たように、親鸞が、自己の信心を語るについて、「總序」の文（真聖全二、一頁）においては、「已に」といいつつ「今」といい、またその三願転入の表白の文（「化身土文類」真聖全二、一六六頁）においては、「久しく」といいつつ「今」というところに明確に見られるところです。

かくしてそれは、まさしく「今」から「今」へという態において、非連続の連続、連続の非連続、という構造において相続されるものです。もとより、その真実信心が、初めて開発するという最初の「一念」は重要であって、ここにおいてこそ、入正定聚、住不退転地という信心の利益が成立し、ここに真宗における救済の成立が語られるわけです。そのことは、すでに上に見たように、親鸞が第十八願成就文の「一念」を釈すについて、それが信心開発の時剋の極促、すなわち、絶対現在としての永遠の「今」を意味すると明かしながら、そのことをうけて、その「今」なる「一念」を、そのまま信心の相続を意味すると解釈していることに、よくよく知られてくるところです。

3 「さとり」の相続と信心の相続

そこでまことの真実信心の相続とは、「めざめ」体験、または「であい」体験としての出世的な究極的体験が、その人生の行路の中で、さまざまな因縁を通して、つねに絶対現在の永遠の「今」において、時々に反復して成立してくることをいいます。そしてまた、そこでの信心は、その反復において次第に深化していくものだと思います。私の領解では、真実信心に生きるとは、そういう「めざめ」体験、「であい」体験の、反復と深化の生活を続けていくことであり、それが信心の相続だと考えます。そのことは、臨済宗の白隠（一六八五～一七六八）が、自分の「さとり」について、

従前の手脚を挟むことをえず、歯牙を下すことをえざる底の難信、難透、難解、難入底の一着子。根に透り、底に徹して、透得過して、大歓喜をうるもの、おおよそ六七回、その余の小悟怡悦、踏舞を忘るるもの数を知らず。妙喜のいわゆる大悟十八度、小悟数を知らず。はじめて知る、まことに我を欺かざることを。（「夜船閑話」）

と語っていることにも重なるものでしょう。この文の意味するところは、いままで手も足もでなかった難透、難解の公案が、見事によく透徹して、大きな歓喜を得ることが、およそ六、七回あった。そしてそのほかに小悟を得て歓喜することは数えきれないほどあった。

昔、中国の大慧禅師（妙喜）（一〇八九～一一六三）は、大悟十八回、小悟その数を知らずといわれたが、その言葉は、決して嘘ではなかったことがわかった、ということです。

もちろん仏道として、念仏の道と坐禅の道は相違しますが、それぞれの仏道がめざす究極的な出世体験は、その深いところでは共通して、別なものではありません。「信心」ということも「さとり」ということも、それらは異なった表現をもって表象されますが、その本質を尋ねていけば、ついには共通して同一であるといいうると思います。

かくして、この白隠における「さとり」の相続と真実信心の相続も、本質的には、ついには共通して重なるところがあるといえましょう。したがって、私は信心の相続とは、この白隠のそれのように、さまざまな因縁を通して、時には大きな慶心として、時には小さな慶心として、そしてまた、時には大きな慚愧として、時には小さな慚愧として、さまざまにそのことをくり返し、そういう信心体験を大小反復しながら、ひたすらに浄土をめざして生きていくことだと思います。

その点、私たちが、日々念仏を申しながら信心を相続していくということは、時として現実の自己の存在相について、いっそう厳しく問われてくることとなりましょう。そして自分の心の底の底にひそむ、我執、我欲の心の断ちがたいことを思い知らされて、それについて痛くめざめさせられてきます。あるいはまた、人生の孤独、悲哀を思う寂しさの中で、温かい無倦の大悲を思うて、深い安らいを覚えることもありましょう。ことに私は、念仏、信心を生きるとは、仏法によってめざめさせられ、仏法によって育てられた私と、いっこうに仏法に従わない、仏法に叛くところの、生まれたままのもう一人の私との、はてしない闘いに生きていくことだと思い取っております。しかしこの私は、その闘いにおいては、時には無惨に負けてしまい、まことにあさましいかぎりですが、にもかかわらず、とにもかくにも、念仏を大切に生きていきたいものと願いつづけて、いまに至っているということです。

4　無明と明知・苦悩と歓喜

無明と明知の交錯

親鸞によりますと、その信心を相続していくということは、無明と明知、苦悩と歓喜の、まったく矛盾対立する二つの事態の、限りない交錯を生きていくということでもあります。すなわち、信心を開発するならば、初地、歓喜地、不退転地を得ることの必然として、ある一定（初地）までの無明、煩悩の闇が破られ、転じられてきます。そしてまた、それなりの大きな歓喜の心が生まれてきます。しかしながら、信心を開発し、初地を得るといっても、なお無数の無明、我執が残存し、さまざまな人生の障害、苦難はあいもかわらず重畳するわけで、その心はいよいよ煩悩に閉ざされ、苦悩はますます多いわけです。

親鸞が「正信念仏偈」に、

摂取の心光つねに照護したまう。すでによく無明の闇を破すといえども、貪愛瞋憎の雲霧、つねに真実信心の天を覆えり。たとえば日光の雲霧に覆わるれども、雲霧の下明らかにして闇なきがごとし。（真聖全二、四四頁）

と明かすとおりです。すなわち、この文の意味するところは、真実信心に生きるとは阿弥陀仏の心光に照らされ護られることで、そのことは私が宿す多くの無明、煩悩の心を、一定までは破ることですが、私の現実の人生生活においては、つねにそのような貪欲と瞋恚の心、むさぼりといかりの心が次々と生起して、その信心の心を覆ってしまいます。まことに恥ずかしく浅ましいかぎりです。しかしながら、すでに真実信心を開発した以上は、いかに無明、煩悩の心が起こるとも、浄土への道は明らかに開けて、決してその道を迷うことはないというわけです。

この文章をめぐっては、親鸞自身が『尊号真像銘文』において、

摂取心光常照護といふは、信心をえたる人おば、無碍光仏の心光つねにてらし、まもりたまふゆへに、無明のやみはれ、生死のながきよ、すでにあかつきになりぬとしるべしと也。（真聖全二、六〇一～二頁）

と明かして、信心を獲得するならば、すでに無明の闇が晴れ、生死、迷いの人生が断ち切られて、新しく明るい道がひらけてくるといいます。しかしながら、親鸞はまた、

貪愛瞋憎之雲霧、常覆真実信心天といふは、われらが貪愛瞋憎をくも・きりにたとえて、つねに信心の天におほえるなりとしるべし。（真聖全二、六〇二頁）

といって、その信心を生きながらも、その日々においては、さまざまな貪欲と瞋恚の心、自分にとって役立つものに対してはむさぼりの心を起こし、自分にとって邪魔になるものについては怒りの心を起こしつつ、それらの煩悩の心によって、その信心を上から覆うことが多いと明かします。そして、

譬如日月覆雲霧、雲霧之下明無闇といふは、日月の、くも・きりにおほはるれども、やみはれて、くも・きりのしたあきらかなるがごとく、貪愛瞋憎のくも・きりに信心はおほはるれども、往生にさわりあるべからずとしるべしと也。（真聖全二、六〇二頁）

といって、しかしながら、その信心の上に、どれほどの多くの煩悩の心が覆うとも、それはあたかも、すでに夜が明けた以上は、どれほど厚い雲や霧がかかったとしても、その下は明るく、確かに道が見えて迷うことがないように、念仏者の人生の生き方、浄土をめざして生きる道は、決して迷うことはないというわけです。すなわち、信心を開発するならば、すでに無明の夜が明けたのだから、どれほどの厚い無明、煩悩の雲がかかっても、そ

の雲の下は明るく、浄土をめざして生きる人生生活の道には、決して迷惑することはないというのです。

親鸞は『一念多念文意』に、

凡夫といふは、無明煩悩われらがみにみちみちて、欲もおほく、いかり、はらだち、そねみ、ねたむこころおほくひまなくして、臨終の一念にいたるまで、とどまらず、きえず、たえず。（真聖全二、六一八頁）

と明かしております。私が宿しているところの無明、煩悩の心は、死に至るまで、「とどまらず、きえず、たえず」して残りつづけ、決して消滅することはありません。それが私の人生生活の実相です。

しかしながら、親鸞はまた、真実信心の開発をめぐっては、上に見たように、

摂取の心光常に照護したまふ。すでによく無明の闇を破す。

と明かします。そして『弥陀如来名号徳』では、

念仏を信ずるは、すなわちすでに智慧をえて、仏になるべきみとなるは、これを愚痴をはなるることとしるべきなり。（真聖全二、七三五頁）

と語ります。真実信心を得るならば、すでに無明の心を破り、愚痴の心から離れることができるというのです。

このことはまったく矛盾した表現です。これは親鸞自身の現実の信心生活の実相、その具体的な経験について語ったものと思われますが、信心を得るということは、迷妄の生命を棄てて、仏の真実の生命を生きるということですから、そこではすでに迷いの絆《きずな》は断絶されるのです。そして新しく浄土の生命をひとすじに生きていくということです。しかしながら、私における現実の生活を顧みるかぎり、その日々には多くの煩悩が生起してくるわけです。まったくの矛盾です

それについて親鸞は、すでに真実信心を得るならば、たとえいかに厚い雲に覆われても、夜が明けた以上は闇はない。その日々の生活に、どれほどの無明、愚痴の煩悩が生じるとも、決して案ずることはない。その信心において、それらの煩悩を転じつづけながら、人生の道を確かに生きていくことができるというのです。だがこのことはまた、その心底をうがっていうならば、親鸞自身の信心生活における、限りない自己の我執、煩悩の生起に対する、深い痛みを表白したものでありましょう。そのことは真実信心が宿すところの本質的な性格の問題でもあります。ここには親鸞の徹底した内省の思念がよくよくうかがわれるところです。

苦悩と歓喜の交錯

このように真実信心がもっている矛盾の問題については、いまひとつ、「行文類」における龍樹の『十住毘婆沙論』の文の引用においても見られるところです。すなわち、親鸞は、その引文において初地における歓喜の心を説明するについて、

一毛をもつて百分となして、一分の毛をもつて大海の水を分かち取るがごときは、二、三渧の苦すでに滅せんがごとし。大海の水は余のいまだ滅せざるもののごとし。二、三渧のごとき心大きに歓喜せん。菩薩もこのごとし。初地をえおわるを如来の家に生ると名づく。(真聖全二、九頁)

という文を引用しています。この文の意味は、「一毛をもって百分となして」、自分の頭の毛髪一本を百等分してということです。そしてその「一分の毛をもって大海の水を分かち取るごときは、二、三渧の苦すでに滅せんがごとし。大海の水は余のいまだ滅せざるもののごとし。二、三渧のごとき心大きに歓喜せん」といいます。これは信心を開発して、初地、歓喜地に至っても、髪の毛を百分の一にして、その小さな毛の先で水をすくったくらいしか苦悩はなくならない、まだ大海の水ほどの多くの苦悩が残っているというのです。ところが、龍樹自身の原文はそうではありません。初地に至ったら、ほとんどの苦悩がなくなるといっているわけです。それを原文のとおりに読んでみますと、

一毛をもつて百分となし、一分の毛をもつて大海の水のもしは二、三渧を分取するが

ごとし、苦のすでに滅するは大海の水のごとく、余のいまだ滅せざるは二、三渧のごとし、心大きに歓喜す。（大正二六、二五～六頁）

となります。しかし、親鸞はそれを逆の意味に読んでいるわけです。大乗菩薩道の思想によれば、初地の位、真実信心の境地は歓喜地ともいって、ほとんどの苦悩は消滅し、大きな歓喜の心が生まれてくる境地だといいます。しかしながら親鸞は、それを逆転して、信心を開発しても、二、三渧の苦悩はなくなるけれども、あとは全部残っている、したがって、そんな大きな歓喜の心は生まれてはこないというわけです。これは親鸞自身、自己の現実の信心生活に重ねて捉えるかぎり、そう読まざるをえなかったということでしょう。

しかしながら、親鸞はまた、その数行あとの同じような文章については、

この菩薩所有の余の苦は、二、三の水渧のごとし。百千億劫に阿耨多羅三藐三菩提をうるといへども、無始生死の苦においては、二、三の水渧のごとし。滅すべきところの苦は大海の水のごとし。このゆえにこの地を名づけて歓喜となす。（真聖全一、九～一〇頁）

と明かして、原文のままに読んで、何ら読み方を変えていません。ここでは初地に至るならば、その残る苦悩はわずか二、三渧の水のようなものであり、そのほとんどの苦悩はなくなって、歓喜の心が生まれてくるといっています。前の文章を原文どおりに承けたわけ

ですから、初地の菩薩には、残っている苦悩はわずか二、三滞の水ほどしかない、大海の水ほどの苦悩はもうなくなっているというのです。なおまだ百千億劫という長い時間をかけなければ、最後の仏の「さとり」には至りえないけれども、無始以来の苦悩はもう二、三滞しか残っていない。したがって、すでに滅した苦しみは大海の水ほどだというわけです。この最後の「滅すべきところの苦は大海の水のごとし」とは、前の「この菩薩所有の余の苦は二、三の水滞のごとし」の文からすれば、この「べき」とは当然の意を表わして、「当然に滅するはずの苦」の意味に解さざるをえません。とすれば、親鸞は、ここでは初地、信心を得るならば、多くの苦悩はすべてなくなるというように理解しているわけでしょう。

ある教学者は、この訓点の相違は、親鸞自身のたんなるミスによるものだといいますが、まことに浅薄な解釈です。親鸞がその二、三行あとの文章を、毛筆でたんねんに清書しつつ、それに丁寧に前文とは異った訓点をつけているものを、どうして単純なミスだといいうるでしょうか。ここには親鸞の信心領解において、深い意趣がひそんでいることを思わざるをえません。親鸞は、その信心、初地、不退転地の理解で、いまだ今生の苦悩は何ら消滅されることはなく、そのほとんどは残っているけれども、しかしまた、その苦悩はほとんどなくなって歓喜の心が生まれてくる、というように、その両者を矛盾的に解釈しようとしたのではないでしょうか。ここの文章をそのまま読むならば、そうとしか解釈できません。ここには、親鸞の信心生活における苦悩と歓喜の交錯、その矛盾の心の動きが見事にうかがわれるところです。事実、親鸞の他の文章においても、このような信心における歓喜の有無を歎じたものがうかがわれます。

かくして親鸞における信心、ことにその相続の心については、上に見たように、その信心における無明と明知、苦悩と歓喜の矛盾、すなわち、その信心において無明が破られながらも、なおも多くの無明、煩悩が残存し、生起してくるということ、そしてまた、その信心において、苦悩が滅して歓喜が生まれるといいながらも、なおも多くの苦悩が残存し、歓喜の心は生まれてはこないという、その両者がまったく矛盾する現実の心相を、見事に表白しているわけです。このことは日々に相続される真実信心がもつ特異な性格であって、真実信心を学ぶについては、充分に留意されるべきところです。

5　親鸞における寛喜の内省

人の執心・自力の心

親鸞の妻であった恵信尼の手紙（親鸞全集、書簡篇一九四頁以下）によりますと、建保二年（一二一四）、親鸞が四十二歳の時、越後から関東に向って旅をしていた途中、上野国《こうづけのくに》（群馬県）の邑楽郡《おうらぐん》の佐貫《さぬき》において、人々から懇望されたからでしょうか、農民の苦悩救済のために、『浄土三部経』を一〇〇〇回読誦することを始めました。しかし、四、五日して、「名号のほかに、何事の不足にて、かならず経を読まんとするや、と思かへし」、その行為を中止したといいます。

このことは、かつて比叡山時代に修めていた千部読経の作法を思いおこし、困窮する農民のために、その読経の功徳を廻向して、状況の好転を祈請しようとしたものと思われます。しかしながら、親鸞は、やがてそのことが、真実信心に生きる者にとっては、まったくの謬りであることに思いあたり、その読経をやめたというわけです。

それから十八年後のこと、寛喜三年（一二三一）の四月、親鸞が五十九歳の時、風邪にかかって発熱、病臥していた時、夢うつつの中で、懸命に『無量寿経』を読むということがあり、かつての佐貫における三部経千部読誦のことが思いおこされたといいます。そしてその時のことについて、恵信尼の手紙には、

名号のほかには、何事の不足にて、かならず経を読まんとするや、と思かへして読まざりしことの、さればなほも少し残るところのありけるや。人の執心、自力の心は、よくよく思慮あるべしと思ひなして後は、経読むことはとどまりぬ。さて臥して四日と申あか月、まはさてあらんとは申せとおほせられて、やがて汗たりてよくならせ給

て候し也。

と伝えています。ここでいう「人の執心、自力の心」とは、いかなる心のことでしょうか。また「まはさてあらん」とはどういうことでしょうか。

「まはさてあらん」とは、「ほんとうはそういうことであろう」ということで、鈴木大拙氏は、この言葉は、禅宗の仏道において、「さとり」の瞬間に思わずでるところの声、⼒《か》地一声《じいっせい》を意味するといっていますが、真宗の仏道でいえば、真実信心の成立、ないしはその信心の相続において、その信の一念が開発、相続する状況において現われた言葉だと思われます。すなわち、いまここでは、親鸞における信心の相続相において、その永遠の「今」なる時間を場として、改めて信の一念が新しく発起、相続したことを意味するものでしょう。

そしてまた、「人の執心、自力の心」とは、真実信心を相続するについての、深い内省の中で見いだされた、自己の心の底になお残存する執心、自力の心について語ったものでしょう。すでに上において見たように、信心を開発して、初地、不退転地に入るということは、見諦、初地所断の法を断ずること、すなわち、初地において断ずべき無明、煩悩の心は破られたとしても、なお初地以上において断ぜられるべき、無明、煩悩の心はあいかわらず残存しているわけです。いまここで親鸞がいう「人の執心、自力の心」とは、そういう初地以上における無明、煩悩の心をいうわけで、それはどこまでも真実信心、本願海の中の一波瀾にすぎず、信心の開発、その初地において破られた無明、煩悩のほかに、なお多く残存している無明、煩悩の心をいったわけでしょう。

かくして親鸞は、この寛喜の内省においても、また大きな「めざめ」体験、廻心体験を経験して、いっそうその信心を深化させていることがうかがえます。私たちは、たとえどれほど深く信心を生きるとも、その心の深層、心の底の底には、なお多くの無明、煩悩の心を宿しているわけで、信心を相続するということは、その日々に念仏を申しつつ、そのような「人の執心、自力の心」、無明、煩悩の心を発見し、それと闘い、それを転じていかなければならないのです。このような親鸞における建保の転向、寛喜の内省という出来事は、いずれもそういう本願帰入ののちの、信心の相続、不退転地における新しい廻心、「めざめ」体験を意味するものであって、そのことこそが、信心というものは、つねに絶対現在なる「今」において、さらに反復され、深化されつつ相続されていくものであるということの具体的な内実です。親鸞においては、このほかにも、その多難な人生々活の中で、そういう廻心、「めざめ」体験が、さまざまにくり返され、それにおいて、いっそうその信心を深めていったことであろうと思われます。

恥ずべし・傷むべし

ことに親鸞は「信文類」において、

誠に知んぬ、悲しきかなや、愚禿鸞、愛欲の広海に沈没し、名利の太山に迷惑して、定聚の数に入ることを喜ばず、真証の証に近づくことを快しまざることを、恥ずべし傷むべしと。（真聖全二、八〇頁）

と告白していますが、まことに厳しくも痛烈きわまりない自己内省の言葉です。また親鸞は、八十六歳にして制作したという「愚禿悲歎述懐」において、

浄土真宗に帰すれども　真実の心はありがたし
虚仮不実のわが身にて　清浄の心もさらになし
悪性さらにやめがたし　こころは蛇蝎《だかつ》のごとくなり
修善も雑毒なるゆへに　虚仮の行とぞなづけたる（真聖全二、五二七頁）

などと告白しています。八十六歳といえば、すでに人生の終焉の時機です。にもかかわらず、親鸞は、これほどまでに若々しく、そしてまた厳しく鋭く、自己自身の心の深淵を凝視しつつ、そこに重い自己の虚仮不実性を発見し懺悔しているわけです。このことからしても、親鸞はその生涯をかけて、くり返して、廻心、「めざめ」体験、「であい」体験をもちながら、いよいよその信心を深めていったことであろうと思われます。

ともあれ、私たちが真実信心を相続していくということは、このように念仏を申しつつ、すでに届いている阿弥陀仏の本願、大悲の確かさに深い喜びと安らいを味わいながらも、しかもまた、自分自身の現実相を省みては、わが心の底に巣食う「人の執心、自力の心」、我執、煩悩の黒闇について、いっそう深く痛みつつ、少しでもそのような心を告発し、転成させつつ、浄土をめざして生きていくことであると思います。

6　伝統教学における誤解

しかしながら、従来の伝統教学の理解においては、信の一念とは、信心開発の最初の一念を意味するとのみ捉えて、このように信の一念の意味を信心の相続にまで広げて捉えるという発想は、まったく見られないことです。ことに今日の本願寺派の伝統的な教団教学では、信心とは阿弥陀仏の名号を領納することであり、その大悲に対して依憑することであるといいます。すなわち、名号を「頂く（もらう）」ことであり、大悲を「仰ぐ（たのむ）」ことだというのです。そこでは、『無量寿経』の第十八願文が明かすところの信楽、信心歓喜とは、その本義においては「チッタ　プラサーダ」心澄浄という意味をもち、それについて親鸞が「信ずる心のいでくるは智慧のおこると知るべし」と語っていることなどは、まったく考慮してはいません。それは明らかに、対象的、二元的な誤った信心理解です。そしてまた、その信心とは非意業の信心だといいます。真宗における信心とは、人間の意識経験を超えたものだというわけです。ならば、私が確かに信心を開発したということは、いったいどうして確認できるのか。親鸞が、信心を得るについて、きわめて能動的に、「獲得」(『浄土文類聚鈔』真聖全二、四五一頁)といい、「開発」(「信文類」真聖全二、七一頁)といい、「発起」(『愚禿鈔』真聖全二、四七六頁)などというのは、明確な意識経験の上での出来事、事実として語っているのではありませんか。伝統教学が、いかに現実を無視して、観念的な解釈に堕しているかよくよく知られてきましょう。

かくして伝統教学では、信心の相続とは、私において、非意業なる信心が、心の底辺において、前後に一貫して延長、連続していくことだといい、またその非意業なる信心が、時々に意識の上に浮上し、憶念として発露してくるというのです。すなわち、心的経験に及ばない非意業の信心と、それが時々心的経験として表出してくる意業の憶念という二層の構造として、直線的、連続的に相続されていくというわけです。

しかもまた伝統教学では、誤って廻心とはただ「ひとたび」のことであると理解しますから、最初に成立した信心が、何らの変化もなく、生涯をかけて一貫して延長し、続行していくというわけです。そこでは、上に考察したような、信の一念が、永遠の「今」を場として、連続の非連続、非連続の連続という態において相続されるということは、まったく考慮されてはいません。上に見たところの、親鸞における寛喜の内省については、いったいどう解釈するのでしょうか。

そしてまた、このような伝統教学が理解する時間観は、すでに上に見たような仏教における時間の思想に無知であるために、たんなる常識的、世俗的な時間観による理解でしかなく、本来の仏教の立場からすれば、それはまったく無明の中の迷いの時間でしかありません。とすれば、このような伝統教学における信心理解は、「まよい」の時間の中で捉えられた「まよい」の信心でしかなく、決して正しい真実信心ではありません。まことに浅薄きわまる稚拙な信心理解というほかはありません。これでは親鸞が明らかにしたまことの真実信心が、よく人々に伝わるはずはないでしょう。しかしながら、これが今日における伝統教学における真実信心理解の実態です。

第五章　私の廻心体験とそれをめぐる雑感

一　母の念仏

浄土真宗では、ただひたすらに念仏をもうせよ、と教えます。親鸞聖人は、
　ねてもさめても、へだてなく、南無阿弥陀仏をとなうべし。
と明かされております。うれしい時もかなしい時も、はらの立つ時も何んでもない時でも、いつでもどこでも、大きく小さく、心の中でも、口にだしても、「なもあみだぶつ」「なもあみだぶつ」と、念仏を申しつつ生きていけよというのです。しかしながら、こうして念仏を称えることに、いったいどういう意味があるのでしょうか。浄土真宗が教えるところの念仏とは、私にとって何でしょうか。

念仏について、私にはこんな思い出があります。私の母は私が十三歳の時に亡くなってゆきましたが、あの日は二月の寒い冬の夕方でありました。その日私が学校から帰ると、

伯母にせかれて母の枕もとにすわりました。伯母は大きな声で、私が帰ってきたことを母に知らせようとしました。私も大きな声で母を呼びました。あの一瞬《いっしゅん》、すべての時間がこごえるような思いの中で、けんめいに母を呼んだ思い出は、いまも忘れることはできません。しかし、母はいっこうに応えてはくれませんでした。眼をあけて見てもくれませんでした。母には私の声が聞えたのか、聞えなかったのか。結核症で六年間も病床に横たわっていた母の身体は、もう衰弱しきっていたようです。死に臨んでどんなにか苦しかったことだろうと思います。

母はあたかも、私が帰ってくるのを待っていたかのように、まもなく私の眼の前で死んでゆきました。しかし、母はその死の寸前に、眼をつむったまま、うわごとに、私にも聞きとれるほどの声で、「なんまんだぶつ」と念仏を称えました。そして息をひきとったのです。私の呼ぶ声にも応えることのできなかった母が、死の直前に、どうして念仏を称えたのか。いくら呼んでも応えてくれなかった母が、私の眼の前で仏さまの名を呼びながら死んでいったということは、私にとっては何としても理解しがたいことでした。もとより母にとっては無意識の念仏でしかなく、まったく意味のないことでしょうが、私にとっては、母の残した最後の声として、いつまでも忘れがたい出来事でありました。

それ以来、この「なもあみだぶつ」という念仏は、私にとってきわめて切実な問題になり、大きな疑問となっていきました。そしてこのことは、私の人生の折おりの日において、くり返して問いかえされてきました。もの思うことの多かった青春時代において、また京都にでて真宗の教えを学ぶ日々において、私は母の臨終《りんじゅう》における念仏を、くり返し、くり返し、思いおこしたことであります。私にとっては、いまわのきわの母が、私のけんめいな呼び声に応えてくれなかったことが、何にもまして淋しいことでありました。何かひとことでも母の言葉がほしかった。もしもその言葉が聞けていたら、どれほどか深いなぐさめになっただろうにと、何度も思ったことでありました。うわごとに念仏するだけの力を残しながら、なぜ私の呼び声には応えてくれなかったのか、私にとっては長い間の疑問であり、不満でありました。

しかしながら、私は母と別れてから三〇年近くたったころ、ようやく母の念仏が私なりに分かってきたように思われました。そして私自身もまた日々の生活の中で、少しずつながら、母が称えたように、念仏が称えられるようになってきました。母に教えられ、母にみちびかれてもうす「なもあみだぶつ」です。そして今では、その念仏が、私の人生を支えてくれる強い背骨になっているという感じであります。（以下省略）（『真宗入門』一九七七年一〇月一〇日、百華苑）

二　石泉教学との出遇い

私の曽祖父は、真宗学者として教校において真宗学を講じていたが、その学系は、広島に伝統されていた石泉学派の流れを汲んでいた。その同じ流れを継いだ多田蓮識という学者が、私の田舎の寺からひと山越えた隣寺におられた。私は、少年時代に母と兄とに続いて死別したことから、すでに中学生時代から、仏法、真宗に心を傾けて、いろいろと自学自習していた。そして十六歳の時に、得度して真宗の僧侶になった。その研修の講義において、本願寺の学者が、善導の『往生礼讃偈』の「自信教人信」の言葉を引用しながら、それだけではダメで、それに加えて「自行教人行」が大切であるといわれた。私はなるほどそうだ、信心も大切であるが、行為、実践も同時にともなわなければならないと受けとめた。

そこで、それからまもなく、私の寺によく布教にきてもらっていた、その多田蓮識師にそのことを申したところ、それは誤りであると厳しく指摘された。京都の本願寺の宗学は、そういうように信（信心）と行（称名・生活）を分けて語るが、それはまったくのまちがいだ。真宗における信心とはそのまま称名を離れず、生活に即するものである。これが広島に伝統されてきた。石泉学派の教学の基本的領解であると教えられた。私はこの時に、初めて石泉学派の教学にふれたわけである。私はその後、この多田蓮識師について真宗を学び、いろいろとお育てをいただいたことであるが、師はいつも、京都の教学は飛行機のようなもので、空を飛ぶばかりで足が大地についていない、機械が壊れたらそのまま墜落する。危ないものだといわれていた。この現実に即していない、本願寺の観念的、二元論的な教学に対する批判である。その批判は、やがて敗戦によって見事に証明された。また師は、いつも真宗とは念仏成仏の教えである、信心正因というのなら、必ず称名正因といえと、くり返して語られていた。そして自らもよく念仏を申されていた。この多田蓮識師は、私にとっては、真宗学についてまことの眼を見開かせ、そしてまたよく導いてくださった、終生にわたる善知識、恩師であった。

ところが、私は敗戦ののち、思想的にさまざまに混迷し、煩悶した末に、いままで学んでいた大学をやめて、京都に上ってきた。そして悩んだあげく龍谷大学に入学し、改めて仏法、真宗を学ぶこととした。しかし、ここでは、まったく教団伝統の観念的、二元論的な教学が講じられていた。そこには広島の石泉教学はまったく存在しなかった。すなわち、信と行、信心と念仏、信心と生活は、まったく二元的に捉えられていた。それは江戸幕府の寺社奉行が介入して決着をつけたところの、三業惑乱事件を契機として勢力をもった空華学派の教学であった。私は真宗学を学ぶスタートのところから、このような伝統の学派の対立矛盾を経験したわけである。そこで私は、この両者の対立に迷いながらも、そのことを解決するためには、真宗の開祖親鸞聖人の教法はいかなるものであるのか、その真宗教義の根本原意を、自分自身の眼をもって、徹底して尋ねていくほかはないと思うようになった。

以来、私の真宗学の研鑽は、その真宗学の中核をなす信心に焦点をしぼり、真宗における信心とはいったいいかなるものか、その信心とはどうして成立するのか、またその信心とは、私の生活にいかなる意味をもつものか、という問いにもとづいて進められた。幸いにも、真宗学を研鑽することのできる環境に恵まれて、そういう一貫した研究テーマを追及することができた。その成果が、ここに再刊される『浄土教における信の研究』と『親鸞における信の研究』（上・下）の三冊に及ぶ研究論文である。（以下省略）（『浄土教における信の研究』著作集⑴序文、二〇〇七年九月三〇日、法藏館）

三　友人の戦死へのこだわり

私は中学時代、体が弱く、兵隊にとられるのは耐ええないだろうといわれていた。当時は理科系と教育系の大学生には徴兵延期という制度があり、私は理科系には向かないということで、広島青年師範学校（現広島大学教育学部）に入学した。しかし、戦争が厳しくなり、敗戦の年の七月一日、十八歳にして国土防衛隊の指揮官養成ということで、北海道旭川に入隊を命じられた。内地に残っている六十三歳以下のすべての男子に動員をかけて防衛軍を組織し、アメリカ軍が上陸したら、その前に爆弾の箱を持って突っ込むという、まったく無茶な作戦をリードする兵隊を養成するために、全国から大学生が集められたのである。私の中学時代の友人の多くは、八月六日に広島に入隊ということであった。「お前たちは広島でいいな。私は北海道だ。もう親にも会えないな」と言って別れたが、彼らは親子ともども原爆で亡くなり、私はかろうじて一命をとりとめて帰ってきた。

私の実家の近くに小学校の同級生がいた。熱心な真宗門徒の子だった。敗戦の年の十月ごろ、彼の母親に会ったが、私を見るなり「あんたは生きて帰れて良かったね。うちの息子は死んだよ」と言われた。当時十八歳だった私には、戦争に負けたショックよりも、この母親の言葉が強く印象に残った。その後何度か会う機会があったが、その母親の顔をまともに見られなかった。その悲しそうな顔を見ていると、生きて還ってきた罪の重さを感じ（これはみなさんには理解しがたいかもしれないが）、なまじ生き残るよりは死んだほうがよかったかと、何度も思った。これが私が敗戦によって受けた非常に大きなショックであり、それは心の中にこだわりとなって残った。そこから私の新しい戦後の時代が始まった。私はそのこだわりをいろんなところで、今日まで引きずってきたように思う。戦後の私のさまざまな活動を支えてきたのは、一つは戦争の責任を問うということであり、もう一つはもう二度と戦争を起こしてはならないということである。この二つは、ともに私の心の中に宿ったこのこだわりにもとづくものである。（以下省略）（「念仏者九条の会」第一回全国集会基調講演〈二〇〇五年一〇月二八日〉、講演要旨〈『憲法九條は仏の願い』二〇〇六年一一月二九日、明石書店〉）

四　私の廻心体験

いつも死と隣り合わせ

私は生まれながらにして虚弱な体質であった。三歳の時、肺炎にかかって死線をさまよったという。しかし、母が一週間昼夜ぶっ通しで、むずかる私を抱きかかえて看病し、やっと生気を取り戻したという。そのことを祖母はいつも私に語ってくれた。しかも私の家は、肺結核、昔の言葉でいえば肺病やみの家系だった。私が小学校に入学した春、女学生だった姉が結核で死んだ。母もまもなく結核にかかって療養を始めた。だから私の小学校時代、運動会や学芸会に、母親が弁当を持って見にきてくれたことは一度もなかった。私もまた、いつも病弱で病院通いを続けていた。その母も、私が十三歳の寒い冬の日の夕方に死んだ。母が死んでいく時、私は懸命に母を呼んだが、何も応えてはくれなかった。しかし母は、最後に「ナンマンダブツ、ナンマンダブツ」と念仏を称えて死んでいった。

そしてその年の春、京都の大学に学んでいた兄が結核に倒れて入院、やがて田舎の家に帰ってきた。その年の秋には祖母が死んだが、私はその時も臨終を見送った。その翌年の十月、こんどは兄が死んだ。その兄は、死を前にして「ぼくが死んだら、お母さんに会えるだろうから、その時には、お前がよろしく言ったと伝えてやろう」、そして「きっとまた会おうな」と言い残した。私は母が死んだ時に泣いた記憶はないが、兄が死んだ時には、ほんとに悲しかった。かつての私の田舎の火葬は、山麓の葬場で、棺のまわりに薪を山ほど積み、それに肉親が火を点ける習わしであった。だから私は、母を焼き、兄を焼いたという強烈な思い出がある。兄を焼く時には、ほんとに悲しくて涙が止まらなかった。

やがてアジア・太平洋戦争が拡大していき、私は中学生のまま軍需工場に動員された。しかし、ここでもまた病気になって入院し、自宅療養ということでぶらぶらしていた。やがて大学進学を迎え、工場の動員を逃れて田舎にあった学校へ入学したが、戦争がいっそう烈しくなった敗戦の直前、一九四五年（昭和二十年）の七月に、私もまた十八歳にして学徒徴兵され、北海道の部隊に入隊することとなった。その入隊の当日、身体検査があったが、この体では軍隊は勤まらないから直ちに帰郷せよということだった。しかし、その時には、すでに青森と函館の海路は敵の潜水艦によって遮断されていて、帰ることもできなかった。そのまま居残るほかはなく、それからは同僚に交じって、来る日も来る日も、死を覚悟して過酷な訓練に耐えた。

私の少年、青年時代は、このようにして、いつも死と隣り合わせに生きてきた。そして母の臨終の念仏、兄の遺言は、その後の私の人生にとって、大きな大きな課題になっていった。

私の廻心体験

母が死に、祖母が死んだあと、やがて私の家に新しい母が迎えられた。私はその母にずいぶんお世話になったわけであるが、その若い母と私との間は決して順調ではなかった。多感にして自我意識の強い少年時代の私にとって、私の家は決して安住の場所ではなかった。私は新しい母に対しては何も逆らわなかった。つとめて従順であった。しかし、その分だけ父に強く反抗した。父に対して、どんなに親不孝を重ねたことだろうか。今も思い出すと胸の痛む思いがする。

敗戦のショックののち、私はさまざまな煩悶の末、新しく道を求めて京都にのぼり、本格的に仏教を学ぶこととなった。敗戦の翌年、私が二十歳になったあと、京都東山の下宿の二階で、夜の更けるまで、註釈書をたよりに『観無量寿経』を読んでいた。そしてその中に出てくる阿闍世太子（アジャータシャトル）のことを詳しく学んだ。この太子は、釈尊在世のころ、インドのマガダ国の王舎城のビンビサーラ王とヴァイデーヒー夫人の一子として生まれた。成人したある日、釈尊の従兄であるデーヴァダッタから、お前は父王を殺してマガダ国の国王となれ、俺は釈迦を殺して仏教教団の首領となろう、二人してこの国を思うままに支配しよう、と唆《そそのか》された。その時デーヴァダッタは、太子の出生の秘密について語った。お前が母の胎内に宿った時、父王が占い師にたのんで、生まれてくるお前の未来を占ってもらったところ、この子はやがて、父王を殺害して王位を奪うだろう、ということだった。そこで驚いた夫人は、生まれたばかりのお前を宮殿の高楼から投げ捨てたが、運良く助かって今に至っている。今のうちに父王を殺害しないと、やがてはお前の生命が危ないと、あることないことを語った。阿闍世太子は、自分の出生の秘密を知って怒り、やがて父王を捕えて牢獄に幽閉し、食事を与えることを絶った。悲しみに閉ざされたヴァイデーヒー夫人は、さまざまに工夫して、こっそりと国王に食事を運んだが、それも露見して、太子は母までも牢獄につないだ。その時に、このヴァイデーヒー夫人が、自分の業報の深さに慄《おのの》き、その苦悩を除くために釈尊に説法を乞うた。かくして生まれたものが、『観無量寿経』の念仏の教えであるという。

私は、この王舎城の悲劇の物語を読みながら、この阿闍世太子とは、まさしく自分自身のことであると思い知った。私は今日まで、どれほど父を殺し、母を傷つけたことか、阿闍世太子は今ここにいるという思いだった。その時、急に熱い悔恨と懺悔の涙がとめどもなく流れでた。同時に、私の口から念仏がほとばしりでた。そして私は、どんなに背いても変わらずに私を包んでくれた父の慈愛に重なって、仏の大悲を深く深く感得した。私はすぐに田舎の父と母とに、長い手紙を書いて、今までの不孝の罪を心から詫びた。それから私は変わった。そんなことをいうと他人は笑うだろうが、我ながら不思議に思えるほど生き方が一変した。母も変わった。私はこのことを契機として、自分が変われば、身近な他人も変わるということを学んだ。

これが私の生涯における最初の廻心体験である。それから今日までの五〇年、私の人生における念仏生活は、前進と停滞、浮沈と曲折、さまざまな航跡を残してここに至ったが、省みてまことに恥ずかしいかぎりである。しかし、昨今では、その念仏にも、いっそうの法味と平安を覚えるようになって、ありがたく思うことである。

渋柿のしぶがそのまま

この阿闍世太子は、『涅槃経』の教説によれば、やがて深い悔恨の思いを抱くことになり、入滅前の釈尊を訪ねて聞法し、ついには救われていったという。私もまた、このように親の心を深く傷つけた罪業深重の身でありながら、真実の生命を恵まれて、すなおに念仏が申され、その念仏に仏の声を聞くことができるようになった。

インドの無着の『摂大乗論』（真諦訳）によれば、「最清浄なる法界所流の正聞薫習を種子となすが故に、出世心を生ずることをうる」という。全分虚妄にして罪濁の身には、みずからにおいて真実心を生ずることはできないが、ただ清浄法界より届くところの正聞薫習によりてこそ、すなわち、ひとえに仏法を学び、そこに仏の声を聞いていくことによってこそ、よく真実の生命が芽生え、育ってくるというのである。

親鸞聖人もまた同じようなことを教えている。親鸞聖人は、もっぱら念仏成仏の道を明かしたが、それは日々ひたすらに念仏を申しつつ、その念仏に、仏の声を聞けよというのである。すなわち、その念仏とは、私から仏に向かう称名念仏であるままに、仏から私に向かう聞名念仏でなければならないというのである。そして、そのような念仏においてこそ、よく地獄の生命が浄土の生命に転じていくというのである。親鸞聖人は、その「転」について、「転ずといふは、罪を消し失なはずして、善になすなり」（『唯信鈔文意』）と明か

している。そしてまた『高僧和讃』においては、

罪障功徳の体となる　こほりとみづのごとくにて

こほりおほきにみづおほし　さはりおほきに徳おほし

とも語っている。

その意趣は、「渋柿のしぶがそのまま甘味かな」という古歌にも重なるものであろうか。どんなにしぶい渋柿でも、その皮を剝いて軒先に吊るしておくと、秋の太陽に照らされて渋味が甘味に転じ、やがてはおいしい干し柿になってくる。ちょうどそれと同じように、どれほど罪業深重なる地獄の生命でも、よく法界所流の声を聞くならば、すなわち、その念仏において仏の声を聞くことができるならば、それは次第に転じられて、浄土の生命に育っていくというわけである。そのことは、またさらにいうならば、どこまでも迷妄深きこの人生を生きつつも、仏の生命を賜って、漸々に、まことの人格主体として成育せしめられていくということでもある。

私はこれからもまた、生命のかぎり、親鸞聖人が教えてくれたそういう念仏の道を、いちずに生きていきたいと念じることである。（『仏教』四〇号、一九九七年八月五日、法藏館）

五　海に向って石を投げる

私はもともと田舎の寺院の次男であったが、兄の死によって、寺を継ぐこととなった者である。敗戦ののち、学徒徴兵から帰ってきて、思想的に混乱、煩悶を重ねた末に、もといた大学を中途で退学し、心を改めて京都に上った。そこでもいろいろと道を探ねたが、結局は龍谷大学に入学して、真宗学を学ぶこととなった。しかし、ここでも私を満足させる講義には、ほとんど出遇えなかった。

他方、私はそのころ自学自習を重ね、東山の下宿の二階で、深い廻心体験を得ることができた。そしてこの生涯をかけて、真宗の仏道に生きることを決意した。しかし、私の田舎の寺院を継ぐとしても、経済的にはしんどい事情があり、また当時の社会状況のなかでは、真宗の教えを伝道、布教するについてもまことに厳しく、何の自信もなかった。将来に対する迷いは深く、いろいろと悩みつづけざるをえなかった。

ちょうどそのころ、京都河原町の書店で、キリスト教牧師の赤岩栄《あかいわさかえ》の『神を探ねて』（アテネ文庫）という本を買った。いま、その本の奥付を見ると、昭和二十四（一九四九）年六月発行とある。私の大学（旧制）一回生の年である。この赤岩氏は、その後に牧師でありながら共産党員となり、「赤い牧師」といわれて話題となり、ついには、キリスト教界から追放された人である。

その本によると、彼は貧しい牧師の家に生まれたが、小学校のころから、キリスト教の雰囲気に反抗しながらも、母の願いに抗しきれず、神学校に入学した。しかし、あいかわらず抵抗しつつも、ある日、その寄宿舎の一室で神に出遇い、廻心体験をもつこととなった。そして新しく牧師の道を歩み始めた。

彼は、その本の中で、牧師として生きる道について、

「牧師という仕事は、水平線を越えて、彼方を指さすことではなかろうか。」

「牧師の使命は、ただ、この永遠を指示するために小石をとって水平線を目がけて投げるということにあるのだ。」

「牧師の職能というものは、それが不可能であるという認識をもって始まるのである。だから牧師の職には、成功ということはない。」

「牧師は、何ら酬いられない、自分の道を行くほかないのだ。」

などと語っている。

私は、この赤岩氏の文章を読んで、深く開眼した。そうだ私もまたこの生涯をかけて、海の彼方に向って、小石を投げつづけていこうと決意し、生涯を貫いて、真宗の僧侶とし

て生きていくことに心を定めた。真宗僧侶の私は、若き日に、このキリスト教の牧師に導かれて、自分の道を歩み始めたわけである。この『神を探ねて』とは、私の青春時代の、忘れがたく懐かしい、一冊の書である。（『ひとりふたり』二〇〇六年一月一日、法藏館）

六　最近における法味の表白

み佛は

一、み仏は
いつわり多きうつし世に
まことの光　照しつつ
歎きいたみて　哭《な》きたもう

二、み仏は
まよいはてなき吾がために
ついのよるべは　ここなると
み手をかかげて　待ちたもう

三、み仏は

人のいのちのおくふかく
来りやどりて　今日もまた
南無阿弥陀仏と喚びたもう
南無阿弥陀仏と喚びたもう

お念佛

一、親鸞の　伝えたまいし　み教えは
まよいはてなき　たつきの日々を
ただ念《ね》仏《ぶつ》して　超えてゆく道

二、念仏《ねんぶつ》は　おのが称うる　声なれど
仏のわれを　呼びます声と
聞きてめざめよ　佛の生命

三、背負うべき　業報《むくい》とあらば　何事も
念《ね》仏《ぶつ》をもうす　よすがとさだめ
拝《おろが》みうけて　安く生きなん

わが生命

一、わが生命《いのち》　はじめなきより　この世まで
　闇から闇へ　さまよいて
　　今ここに在り　遙かに想う
二、わが生命　仏の光明《ひかり》　聞きえてぞ
　ただ念仏と　そだてられ
　　まことの智慧に　生かされて生く
三、わが生命　やがて終《つい》の日　迎うとも
　法爾《ほうに》の流れに　身をゆだね
　　有無《うむ》をはなれて　ひとすじの道

　ここに掲げた三篇の詩は、信者の皆さんの強い要望に抗しきれずに制作したものです。まったくの素人で何の素養も経験もないものの駄作で、まことに恥ずかしいかぎりです。

　しかも呉市の音楽家富田和代さんによって、この三篇に曲が付され、さらにまた、山口県柳井市の声楽家村上智真氏（誓光寺住職、山口県教育委員長）に

よって、第一〇回「仏教讃歌リサイタル・チャリティーコンサート」（二〇一〇年十月十六日・サンビームやない）で、三曲とも披露していただきました。私としてはまったくの光栄至極で、お二方に心より感謝いたします。

あとがき

西本願寺教団では、戦後まもなく伝道学ということを提唱し、やがてまた龍谷大学の真宗学においても、真宗伝道学という科目が設けられましたが、その最初は「安心論題」を講ずるということで、まことにたわいのない内容でありました。私はその時の教室会議で、伝道学というのなら、何よりも求道学が先決であろう、それをみんなで協力して形成しようと提案しましたが、一笑に付されて何ら考慮されることもありませんでした。しかしながら、いかにして真実信心を開発するかという論理の構築、そういう真宗求道学を確立せずして、他者の信心の開発を指導するということは不可能なことではありませんか。それはまさしく山に登る道を教えずして、山から下りる方法を教えるようなものでしょう。

そのころ私たちは、真宗カウンセリング研究会というものを組織して、さまざまな人生相談をめぐる研究を進めておりましたので、その後、それをバックとし、畏友の西光義敞氏（龍谷大学社会学部教授・社会福祉学専攻）、加藤西郷氏（龍谷大学文学部教授・教育学専攻）、そして京都市の華光会館館主の増井悟朗氏と私の四人が中心となって、真宗求道学、真宗聞法学というものを研究し、構築しようと考えました。そして毎年全国の同朋に呼びかけて「聞法のつどい」を開催し、それにもとづく多くの基礎資料を収集しながら、また私たち四人による合宿研究会も数多く重ねて、それなりに内容を蓄積していきました。しかしながら、お互いにそれぞれ自分の本来の仕事を抱えて多忙であったため、なかなかその成果をまとめるというところまでいきませんでした。しかもその途上において、中心人物であった西光氏が急逝されて、この研究会はまったくストップしたままになりました。まことに残念至極であります。

そこでいま改めて、このような「真宗学シリーズ」を刊行するにあたり、西光氏の遺志を継ぎながら、まったく私なりの『真宗求道学』なるものを発表することにいたしました。その内容については、真宗における真実信心とは、いかなる構造をもって成立してくるものか、そしてそれはいかように相続されていくものかを中心にして、親鸞が、ことに『教行証文類』の「行文類」と「信文類」において明示している真宗の行道論に学びつつ、さらにはまた、親鸞が、その「信文類」に『大般涅槃経』の文を長々と引用して、阿闍世王の廻心体験に注目しながら真宗における廻心の成立構造をめぐって詳細に教示している内容を参照にして、私なりの領解をまとめてみました。

もとより、このような真宗求道学という営為は、いままで誰一人として試みたものは皆無であり、私の考察も、まことに不充分で浅薄なものであることは百も承知するところです。そこで、もしも今後この分野に関心をもたれる若い学徒があるならば、いっそう徹底して研究考察し、さらなる学的成果を挙げてほしいと念願するところです。

すでに見てきたように、真宗行道論の帰結は、ひとえに称名・聞名・信心の即一体験にあるわけですが、その聞名ということが、「阿弥陀仏の声《ミナ》」（『大阿弥陀経』・『平等覚経』・「真仏土文類」）を聞くということであるところ、その「声」をいかにして聞くかということが、もっとも重要となるわけで、そのことについては、すでにいろいろと述べたように、何よりも私における日々の称名念仏の相続によるほかはありません。しかしながら、その聞くという宗教的経験については、さらに客観的、科学的な視座からも考察すべきであって、それについては、私自身がかつていろいろと学習し実践してきた、カウンセリングにおけるヒアリング、傾聴をめぐる理論とその技術を充分に研究し、摂取すべきであろうと思います。

クライエントの胸の底にひそむ心の動き、その声にならない声に、いかに深く耳を傾けて、その苦悩を傾聴し受容していくかという理論とその技術を学び、それを身につけていくことは、そのまま真宗における称名・聞名の行道に深く連動するものがあるであろうと思うことです。この世俗の人間関係において、相手の心、その声なき声を心深く聞くことができなくて、どうして出世なる「阿弥陀仏の声」を聞くことができるでありましょうか。それは当然の道理でしょう。その点、この真宗の行道における聞名・信心体験の成立をめぐっては、このようなカウンセリングの理論とその技術について、多く学ぶべきものがあると思います。このことについては、西光氏が存命なれば貴重な見解が聞けると思うのですが、私にとっては、いまはここではこれ以上のことを述べる余裕がありません。もしも後進にして興味のある人は、ぜひその方面の研究を進めてほしいものと念願いたします。

そこでついでに、この真宗求道学に対応する真宗伝道学をめぐって、私なりのいささかの試案を提示しておきたいと思います。

この真宗伝道学については、親鸞が、

往生を不定におぼしめさんひとは、まづわが身の往生をおぼしめして、御念仏さふらふべし。わが身の往生一定とおぼしめさんひとは、仏の御恩をおぼしめさんに、御報恩のために、御念仏こころにいれてまふして、世のなか安穏なれ、仏法ひろまれとおぼしめすべしとぞ、おぼえさふらふ。（『親鸞聖人御消息集』）

と教示しているところに明瞭です。そのことからして、私は、真宗伝道学には二つの分野、すなわち、開教分野と布教分野があると思います。その開教分野とは、いままで真宗の教えに縁のなかった人々に真宗の教法を伝える分野をいい、布教分野とは、すでに真宗に縁を結んでいる人々に対して、その心を育ててまことの信心を開発せしめ、さらにはその信心を相続、深化させる分野をいいます。上に見たところの、親鸞が「世のなか安穏なれ」と教示しているものは、この開教分野について言ったものであり、「仏法ひろまれ」と教示しているものが、この布教分野のことであると思います。

その開教分野としての「世のなか安穏なれ」ということは、基本的には、真宗教団が社会的な存在責任として、世界人類、日本社会の向上発展のために尽力することをいいますが、今日の本願寺教団がそれについてどれほど行動を起こしているかというと、まことにお粗末きわまりないことです。これでは開教伝道にはなりません。

たとえば、このたびの二〇一一年三月に惹起した傷ましい東日本大震災に際して、この教団は、いち早くいったい何をどうしたのでしょうか。親鸞遠忌のために集めた巨額の募財の中から、その法要を縮少してでも、まとまった金額を、これら被災者のためにドンと拠出したり、また原子力発電所の人災的な被害についても、人間の手では消すことのできないような原子の火（エネルギー）を用いる危険性について、今後の在りようをめぐり、宗教者の立場からの明確な発言があってしかるべきだと思いますが、いまもってそういう行動も発言も何ら聞きません。これでは、いまこの教団が掲げている「世のなか安穏なれ」

というスローガンは、まったくの欺瞞だといわれても仕方がないのではありませんか。

もしも本願寺教団が、そのような社会運動の諸方面に積極的に取り組んで、いろいろと成果を挙げたならば、世間の人々は、そのことを通して真宗教団の存在意義を新しく認識し、すすんで真宗信者になってくれることでしょう。それが何よりの伝道活動というものです。

その点、私たちのそれぞれの寺院においても、また一人の僧侶、一人の信者としても、そういう社会に対する真宗者の行動は重要な意味を持っています。ことに地方の寺院が、幼稚園や保育所を経営して幼児教育に協力するとか、または日曜学校、子供会を開催して子供の心を育てたり、そのほか習字や華道の学習などの文化活動から、また、さまざまなスポーツ活動、老人介護の施設の経営などの福祉活動、また今日ことに注目されている環境問題に対する取り組み、さらにひろくは、護憲運動から世界平和のための国際活動など、私たち真宗者の社会活動にはさまざまな分野がありましょう。そういう活動には、各々の状況の中で、積極的に参加し推進していきたいものです。それが「世のなか安穏なれ」という開教分野の伝道活動の内容です。

そして、布教分野としての「仏法ひろまれ」とは、まことの信者一人ひとりを育てる活動で、その具体的な内実としては、本書において詳細に論じた廻心体験の成立構造をめぐって充分に領解し、さらにはまた個人の現実状況を充分に勘案しながら、よろしく教導していくことが重要でしょう。信心のない信者をどれほどかき集めて、その数の多さを誇ったところで無意味なことです。教団とはまことの信心の人を育ててこそ、その存在意味があるというものです。

しかしこのことについて何よりも心得るべきことは、本願寺教団はその過去に、ことにかつてのアジア・太平洋戦争において、上に引用した親鸞の文でいうならば、「わが身の往生一定」でない人が「御念仏こころにいれてまうす」こともなく、すなわち、真宗におけるまことの信心主体を確立していない人々が、念仏を申しつつ「よろづのことみなもて、そらごと、たわごと、まことにあることなし」（『歎異抄』）と、その念仏を基軸として世俗をきびしく相対化することもなく、当時の国家体制に容易に追随しつつ、多くの真宗信者をして、その戦争にかりたてていった罪業は、前者の轍として、厳しく反省されるべきでしょう。真宗教団は、そういうかつての過ちを二度とくり返してはなりません。その点、この布教分野においては、いつの時代においても、まず自らが堅固なる信心主体を確立した上で、その社会の現実状況とその未来への動向について、つねに充分に熟慮しつつ行動すべきであると思うところです。

ともあれ、これからの伝道活動は、たんに僧侶のみの行動ではなく、すべての信者もまた全員伝道者として活動すべきものであると思います。かつてのように、僧侶は教えを説くもので信者はそれを聞くものだという区分は、いろいろな意味において、もう成立しにくくなってきました。今日の新興宗教、新々宗教がそうであるように、信者がそのまま自分の隣人、知人に対して、自分の信心を積極的に吐露して教えを伝えることが、もっとも賢明な布教伝道の方法でしょう。ことに真宗の行道とは、何も難しい道ではありません。ただその日々に称名念仏を申すという、そういう生活習慣を身につけることを指導すればよいわけです。それは今日ではまことに至難なことではありますが、真宗における伝道、その布教活動とは、ひとえにこの称名念仏をいかに徹底させるかに尽きます。

その日々に称名念仏を申すという生活を指導せずして、どれほど教義の理論を説教しても、それはまったくの徒労です。朝夕に仏壇に礼拝することはもとより、日々に仏のみ名を呼ぶという称名念仏を相続してこそ、はじめて真実信心は開発してくるものです。上に引用したように、親鸞が明確に、

往生を不定におぼしめさんひとは、まづわが身の往生をおぼしめして、御念仏さふらふべし。

と教示するところです。伝道する人も、その伝道を受ける人も、まず称名念仏するということが肝要です。称名念仏することなくして真宗を学ぶということは、まったく無意味な

ことです。その点、真宗求道学といい、真宗伝道学というも、まさしく自ら称名念仏を申し、他をして念仏を申させるということに帰するわけです。真宗を学ぶについては充分に銘記されるべきところです。

なお最後になってまことに恐縮ですが、このような企画刊行を領承、応援してくださった、法藏館会長の西村七兵衛氏と社長の西村明高氏に深甚なる謝意を表し、またその編集業務を推進していただいた岩田直子さんに心より御礼を申しあげます。

二〇一一年八月六日

信楽峻麿

信楽峻麿（しがらき　たかまろ）

1926年広島県に生まれる。1955年龍谷大学研究科（旧制）を卒業。1958年龍谷大学文学部に奉職。助手、講師、助教授を経て1970年に教授。1989年より1995年まで龍谷大学学長。1995年より2008年まで仏教伝道協会理事長。

現在　龍谷大学名誉教授、文学博士。

著書に『信楽峻麿著作集全10巻』『教行証文類講義全9巻』『真宗の大意』『宗教と現代社会』『仏教の生命観』『念仏者の道』（法藏館）『浄土教における信の研究』『親鸞における信の研究上・下』『真宗教団論』『親鸞の道』（永田文昌堂）『The Buddhist world of Awakening』（Hawaii Buddhist Study Center）その他多数。

真宗求道学　真宗学シリーズ5

二〇一一年九月二〇日　初版第一刷発行

著　者　信楽峻麿
発行者　西村明高
発行所　株式会社　法藏館
京都市下京区正面通烏丸東入
郵便番号　六〇〇-八一五三
電話　〇七五-三四三-〇〇三〇（編集）
〇七五-三四三-五六五六（営業）

印刷・製本　亜細亜印刷株式会社

ISBN978-4-8318-3275-7 C0015

信楽峻麿著　好評既刊